D1748539

Alexander W. Hunziker
Spass am wissenschaftlichen Arbeiten

Alexander W. Hunziker

Spass am wissenschaftlichen Arbeiten

So schreiben Sie eine gute
Semester-, Bachelor- oder Masterarbeit

VERLAG:SKV

Alexander W. Hunziker Dr. oec. publ., hat mehrere Jahre in Verkauf, Marketing und Erwachsenenbildung gearbeitet. Anschliessend studierte er Volkswirtschaftslehre mit Nebenfach Psychologie an der Universität Zürich und dissertierte in Betriebswirtschaftslehre zum Thema Prozessorganisation in der öffentlichen Verwaltung. Zurzeit ist er Professor am Departement Wirtschaft der Berner Fachhochschule, unterrichtet Methodik im Executive MBA-Programm und leitet den Arbeitsschwerpunkt «Achtsamkeit und Positive Psychologie».

Haben Sie Fragen, Anregungen oder Rückmeldungen?
Wir nehmen diese gerne per E-Mail an feedback@verlagskv.ch entgegen.

8. Auflage 2020

Alexander W. Hunziker, Spass am wissenschaftlichen Arbeiten

ISBN 978-3-286-51228-3
Das Werk erscheint als E-Book unter der
ISBN 978-3-286-11756-3 (PDF)

© Verlag SKV AG, Zürich
www.verlagskv.ch

Alle Rechte vorbehalten.
Ohne Genehmigung des Verlages ist es nicht gestattet, das Buch oder Teile daraus in irgendeiner Form zu reproduzieren.

Lektorat   Yvonne Vafi-Obrist
Illustrationen Daniela Hauser
Umschlagbild Sergey Nivens/shutterstock.com

Vorwort

In einem Studium freut man sich wohl in den seltensten Fällen auf die Auseinandersetzung mit wissenschaftlicher Methodik. Und doch berichten mir viele Studierende, dass es unter anderem genau das war, was sie weitergebracht hat. Und hätten sie dies früher geahnt, hätten sie sich auch mehr für methodische Fragen interessiert.

Wie wichtig es ist, wissenschaftliche Methoden zu verstehen, lässt sich im Vornherein offenbar nur schwer erkennen. Die Einsicht in ihre Bedeutung entsteht erst durch Auseinandersetzung und engagierte Arbeit – etwas, das aber selten stattfindet, wenn man den Sinn der Sache nicht einsieht.

Gibt es einen Weg aus diesem Teufelskreis? – So viel ist klar: Was die Studierenden an Interesse und Engagement mitbringen, darf nicht in einer Buchstabenwüste oder einem Theoriedschungel auf der Strecke bleiben, sondern muss durch einprägsame Metaphern, praktikable Anweisungen und lustvolle Beispiele verstärkt werden.

Denn nur wer sich mit wissenschaftlichen Arbeiten persönlich engagiert auseinandersetzt, bekommt das, was für das Schreiben einer guten Arbeit neben dem technischen Wissen unbedingt nötig ist: Spass an der Arbeit.

Bern, April 2020   Alexander W. Hunziker

Digitale Begleitmaterialien
Ergänzend zu diesem Buch stehen Ihnen hilfreiche Tipps, Checklisten und Vorlagen im Bookshelf unter www.bookshelf.verlagskv.ch nach Eingabe des abgedruckten Lizenzschlüssels (vorne im Buch) zum kostenlosen Download zur Verfügung.

Inhaltsverzeichnis

I	**Was ist wissenschaftliches Arbeiten?**	**10**
	1 Wissenschaftlich arbeiten: Was ist das?	12
	2 Sinnestäuschungen überall?	14
	3 Methodendiskurs oder der Teufel im Detail	18
	4 Ohne Theorie keine Praxis!	20
	5 Die Empirie oder Check it out	22
	6 Nachgehakt: wissenschaftliches Arbeiten verstehen	24
II	**Zum Einstieg**	**26**
	7 Rahmenbedingungen abklären	28
	8 Missverständnisse ausräumen	30
	9 Den Sinn Ihrer Arbeit verstehen	31
III	**Wie komme ich zu einem Thema?**	**34**
	10 Ideen finden	36
	11 Ein Thema analysieren	38
	12 Themenanalyse in Aktion	42
	13 Typen von Arbeiten – zur Orientierung	46
IV	**Wie suche ich Literatur?**	**50**
	14 Literaturrecherche – Wenn Abschreiben Trumpf ist	52
	15 Basiswissen über Ihre Bibliothek	55
	16 Recherche in der Bibliothek	61
	17 Recherche im Internet	66

V		**Methoden der Sozialwissenschaften**	**74**
	18	Wann ist eine Methode gut?	76
	19	Die Argumentation – eine unbekannte Disziplin	80
	20	Die Hypothese – ein Aufsteller gesucht	86
	21	Der Fragebogen – und keiner ist ehrlich!	90
	22	Das Interview – eine nette Sache	98
	23	Die Fallstudie – Wen interessiert der Einzelfall?	102
	24	Das Experiment – alles unter Kontrolle	106
	25	Zahlen jonglieren – aber mit Köpfchen!	110
	26	Forschungsdesign	113
VI		**Die praktische Arbeit**	**116**
	27	Das Ziel einer praktischen Arbeit	118
	28	Abgrenzung praktischer Probleme	120
	29	Vorgehen bei der Lösung praktischer Probleme	122
	30	Instrumente und Ebenen	124
	31	Partnerfirma einbinden	126
	32	Persönliches Fazit	129
VII		**Wie packe ich die Arbeit an?**	**130**
	33	Arbeitsplanung – Die Arbeit hat schon begonnen!	132
	34	Begriffe klären	135
	35	Die Arbeit strukturieren	136
	36	Grafiken und Tabellen einsetzen	139
	37	Den Computer nutzen	143
	38	Betreuung beanspruchen	146
	39	Formulieren	149
	40	Zitieren	152
	41	Projektmanagement	160
VIII		**Wie werden studentische Arbeiten bewertet?**	**162**
	42	Beurteilungsraster	164
	43	Gedanken eines Betreuers	169
	44	Mündliche Präsentation	171
IX		**Schlusswort zum Spass**	**176**
		Anmerkungen	178
		Weiterführende Literatur	180
		Stichwortverzeichnis	183
Checklisten			**185**

Was ist wissenschaftliches Arbeiten?

Einfache Fragen sind oft schwierig zu beantworten. Das gilt auch hier. Um Ihnen den Einstieg leicht zu machen, lernen Sie zuerst eine einfache Definition kennen. Anschliessend leiten wir daraus die wichtigsten Fragen ab und versuchen, sie zu beantworten. Am Schluss haben Sie einen Überblick darüber, was wissenschaftliches Arbeiten im Wesentlichen ausmacht.

In diesem Kapitel geht es um Folgendes:

- ▶ Was ist so besonders am wissenschaftlichen Arbeiten?
- ▶ Welche Rolle spielen dabei die menschliche Wahrnehmung und die Wahl der Untersuchungsmethoden?
- ▶ Warum sind Theorien so wichtig und wie merkt man, ob sie etwas taugen?

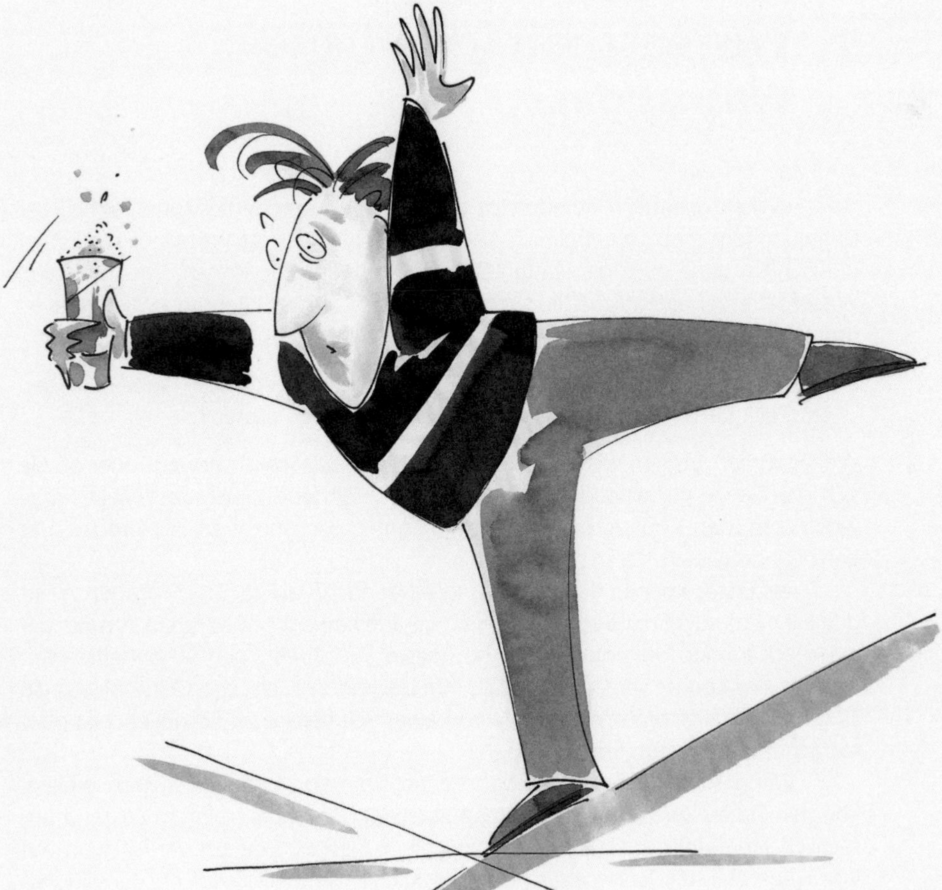

1 Wissenschaftlich arbeiten: Was ist das?

«Wissenschaftlich arbeiten ist das, was Wissenschaftler tun.» Mit dieser Definition legt man sich inhaltlich auf nichts Konkretes fest. Trotzdem kann man dieser nicht ganz ernst gemeinten Definition etwas abgewinnen: Was tun denn Wissenschaftler eigentlich? Sie suchen nach gesicherter Erkenntnis. Die Frage ist nur: Was heisst hier «gesichert»?

- Haben Sie auch schon einmal etwas zu viel Alkohol getrunken, sodass Sie den Eindruck hatten, der Boden bewege sich unter Ihren Füssen?

Woher wollen Sie nun wissen, ob sich der Boden tatsächlich bewegt oder ob Sie sich das Ganze nur einbilden? Normalerweise würden Sie sich über diese Frage wohl kaum den Kopf zerbrechen, aber nehmen wir einmal an, Sie möchten es ganz genau wissen.

Als Erstes können Sie natürlich Ihre Nachbarin an der Theke fragen: «Finden Sie nicht auch, der Boden habe sich gerade bewegt?» Das ist ein Ansatz, der eigentlich immer funktioniert. Nur hat dieses Verfahren einen Schönheitsfehler: Das Resultat könnte verzerrt sein, falls Ihre Nachbarin auch schon alkoholisiert ist. Es genügt bereits, wenn sie gerade von einer Schiffsreise zurückgekehrt ist oder einfach nur aufgelegt, Sie zu foppen.

Wenn Sie sich nicht auf Wahrnehmungen von anderen stützen wollen, könnten Sie als Zweites ein Glas Bier aufstellen. Falls Sie es in Ihrem Zustand tatsächlich schaffen, das Glas ruhig hinzustellen, lässt sich daraus die Antwort auf Ihre Frage ablesen: Bewegt sich die Oberfläche nicht, war alles nur Einbildung. Bewegt sie sich doch, dann haben Ihre Sinne Sie nicht getäuscht.

Mit diesem Vorgehen wäre eine Täuschung allerdings immer noch möglich. Schliesslich kann auch ein Luftzug die Oberfläche Ihres Biers beeinflussen oder ein Kollege, der am andern Ende des Tisches auf die Tischplatte klopft.

Um nun ganz sicherzugehen, müssen Sie also allen Leuten in Ihrer Kneipe erklären, was Sie genau tun und zu welchem Schluss Sie kommen. Sie müssen Ihr Vorgehen für andere Personen kritisierbar darlegen. Ihr Vorgehen wird damit nachvollziehbar, oder wie man präziser sagt: «intersubjektiv überprüfbar». Wenn dann jemand den Einwand mit dem Luftzug bringt, müssen Sie vielleicht eine Kerze neben dem Glas aufstellen, damit alle sehen können, dass die Luft ruhig ist. Oder noch besser: Sie legen einen Bierdeckel aufs Glas.

Die Frage, ob sich der Boden bewegt hat oder nicht, ist in diesem Fall nebensächlich – Seismologen mögen das anders sehen. Für die meisten wichtigen Fragen – betreffen sie unsere Gesellschaft, einen Betrieb oder ein Individuum – gibt es aber leider keine solchen Messinstrumente, die man schnell selber basteln kann und die erst noch eine recht zuverlässige Antwort auf die gestellten Fragen liefern. Umso wichtiger ist es, dass Wissenschaftlerinnen und Wissenschaftler ihre Messinstrumente und Messmethoden «intersubjektiv überprüfbar» machen. Nur so können andere genau nachvollziehen, was wirklich passiert ist, und sich über die Qualität der Untersuchung und deren Interpretation eine eigene Meinung bilden.

Warum vergleiche ich Wissenschaftler mit Leuten in leicht angesäuseltem Zustand? Weil Wissenschaftler ihren Wahrnehmungen gegenüber kritisch eingestellt sind, ebenso wie den Wahrnehmungen anderer Menschen. Sie denken immer daran, dass sie sich täuschen könnten, und treffen ausgeklügelte und teils sehr aufwendige Vorkehrungen, um dies auszuschliessen.

▶ Wissenschaftliches Arbeiten ist die systematische Suche nach gesicherter Erkenntnis im Bewusstsein um die Einschränkungen unserer Sinne.

▶ Wissenschaftlich arbeiten heisst, die verwendeten Methoden so offenzulegen, dass sie für andere nachvollziehbar und kritisierbar werden.

Was ist wissenschaftliches Arbeiten?

2 Sinnestäuschungen überall?

Das Beispiel mit dem schwankenden Boden in der Kneipe mag ja einleuchtend sein, aber sind wir denn die ganze Zeit leicht angesäuselt? Müssen wir denn jeden Moment an unseren Sinnen zweifeln? Die Antwort des Wissenschaftlers ist: Ja, wir müssen.

Wie begrenzt unsere Wahrnehmung ist, erkennt man vielleicht am einfachsten mittels Scherzfragen: Legen Sie mit 6 Zündhölzern vier gleich grosse Quadrate. – Zu einfach? Dann bilden Sie mit 4 Zündhölzern vier gleich grosse gleichschenklige Dreiecke. Das Typische dieser Fragen ist, dass wir gewisse Annahmen treffen, von denen wir selbst nichts wissen. Sie heissen «implizite Annahmen». Diese hindern uns daran, Probleme zu lösen. Bei den genannten Scherzfragen nehmen wir automatisch an, dass ein Quadrat die Seitenlänge eines Streichholzes haben muss, also die Hälfte nicht genügen würde, bzw. dass die Hölzer liegen müssen, also nicht stehen dürfen. Na, ist die Lösung nun klar?[1]

Natürlich können Sie jetzt einwenden, Scherzfragen seien ein Spezialfall. Aber sie machen sich nur die Tatsache gezielt zu Nutze, dass unsere Wahrnehmung im Allgemeinen durch Denkmuster strukturiert wird. Einige wenige dieser Denkmuster sind biologisch vorgegeben. Hier ein Beispiel: Zwei nebeneinander liegende Punkte sehen wir als Augen.

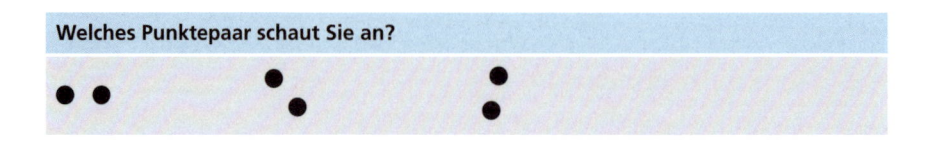

Welches Punktepaar schaut Sie an?

Oder möchten Sie sagen, dass ein anderes Punktepaar Sie mehr «anschaut» als das linke?

Die meisten Denkmuster sind aber erlernt. Sie sind durch die Ausbildung, das soziale Umfeld oder individuelle Erlebnisse geprägt. Hier ein paar Beispiele für Fehler, welche daraus entstehen können:

- Menschen mit schwarzer Hautfarbe verdienen in den USA im Durchschnitt weniger als Menschen mit weisser Hautfarbe. Manche Leute ziehen daraus den Schluss, dass Menschen mit schwarzer Hautfarbe generell weniger intelligent seien.
- Jemand kennt drei Personen, welche an der Börse viel Geld gewonnen haben. Er kennt aber niemanden, der dort Geld verloren hat. Er folgert, dass Börsengeschäfte gar nicht so unsicher sein können, wie es immer heisst.
- In den USA lernt ein junger Jurist in einem Spital zufällig eine junge Frau kennen, welche von ihrem Mann misshandelt worden ist. Sie finden sich sympathisch. Da läutet das Handy des Juristen. Er nimmt ab und sagt: «Nein, Boss. Ich bin gerade im Gespräch mit einer potenziellen Mandantin.» Und legt auf. Sie dreht sich enttäuscht um und geht, ohne etwas zu sagen, denn sie glaubt jetzt zu wissen, dass er sie nicht wirklich sympathisch findet, sondern nur an einem Auftrag für sein Anwaltsbüro interessiert ist.
- Das Topmanagement einer traditionsreichen Firma ist ausschliesslich von Männern besetzt. Als ein Topmanager die Firma verlässt, fühlt sich dieses Gremium «in der heutigen Zeit» verpflichtet, eine Frau in ihren Kreis aufzunehmen. Als die Frau nach einem Jahr erfolgreicher Tätigkeit wegen Schwangerschaft kündigt, sehen sich die Manager bestätigt: Frauen in Toppositionen, das bewährt sich nicht. Künftig wird aufgrund dieser Erfahrung ein Mann einer Frau vorgezogen, sogar wenn er die schlechteren Qualifikationen hat.

Wie diese Beispiele zeigen, schafft man sich durch die eigenen Denkmuster oft eine subjektive Realität – welche man selbstverständlich für objektiv hält. Einige Philosophen sind der Ansicht, dass es eine «wirkliche» Realität gar nicht gibt und dass jeder sich seine individuelle Realität «konstruiert». Philosophische Konzepte, welche auf dieser Annahme beruhen, werden unter dem Begriff «Konstruktivismus» zusammengefasst. Um zu illustrieren, wie weit man mit dieser Annahme gehen kann: Kürzlich ist ein Buch erschienen, in dem die Autoren behaupten, Mathematik basiere nicht auf tatsächlichen Naturgesetzen, sondern auf unseren Sinnesorganen, sei also ein rein menschliches Konstrukt[2].

Der Konstruktivismus wirkt auf viele, die zum ersten Mal davon hören, äusserst exotisch – um nicht zu sagen: unglaubwürdig. Viel glaubwürdiger erscheint zunächst das Gegenstück zum Konstruktivismus, der so genannte «Positivismus». Ein Positivist glaubt, dass es eine Realität gibt, die wir mit unseren Sinnen wahrnehmen können. Und das scheint auf den ersten Blick völlig einleuchtend. Den Konstruktivismus sollten wir deswegen aber nicht gleich verwerfen. Immerhin zeigen die obigen Beispiele deutlich, dass wir unsere Realität tatsächlich selbst gestalten – wenn auch meist nicht bewusst, sondern mit unseren weitgehend unbewussten Denkmustern.

Der Unterschied zwischen Positivismus und Konstruktivismus lässt sich vielleicht am besten anhand der Geschichte der drei Fussballschiedsrichter erläutern:

- Drei Fussballschiedsrichter unterhalten sich über die Art und Weise, wie sie ihre Aufgabe wahrnehmen. Der erste Schiedsrichter sagt: «Ich pfeife die Tore, wie sie fallen.» Er ist ein naiver Positivist. Der zweite Schiedsrichter: «Ich pfeife die Tore, wie ich wahrnehme, dass sie fallen.» Er ist ein vorsichtiger Positivist. Der Dritte aber sagt: «Das Tor fällt erst, wenn ich es pfeife.» Er ist ein Konstruktivist.

Fast jeder Fussballfan musste bereits – mit Freude oder mit Enttäuschung – feststellen, dass sich Schiedsrichter manchmal irren. Der naive Positivist hat folglich oft Recht, aber sicher nicht immer. Der vorsichtige Positivist liegt zwar grundsätzlich richtig, aber unterschlägt etwas ganz Wichtiges. Erst der konstruktivistische Schiedsrichter erkennt die Tatsache, dass er – basierend auf seiner möglicherweise verzerrten Wahrnehmung – selbst Fussballgeschichte schreibt und somit mehr als nur ein Beobachter ist. Somit bestimmt und konstruiert er die Realität des Spiels mit.

Wieso sind wir eigentlich auf die Frage «Positivismus oder Konstruktivismus» gekommen? – Wegen der Denkmuster. Sie haben offenbar weitreichende Konsequenzen. Sie führen nicht nur manchmal zu Denkfehlern, sondern zu ganz grundsätzlichen Fragen in Bezug darauf, was wir als «gesicherte Erkenntnis» akzeptieren können.

Vielleicht möchten Sie nun wissen: Wenn Denkmuster offensichtlich zu so vielen Problemen führen, warum schaffen wir sie dann nicht ab? Die Antwort ist einfach: Es geht nicht.

- Unsere Sinnesorgane liefern an unser Gehirn pro Sekunde etwa 2 Millionen (!) Impulse. Das Gehirn kann aber bewusst nur etwa 7 Informationseinheiten auf einmal bearbeiten.

Was soll unser armes Gehirn bei dieser massiven Überlastung denn tun? Es behilft sich mit drei grundsätzlichen Mechanismen.

Erstens lässt es vieles weg, das nicht als wichtig erscheint. Man nennt dies «Löschung». Spüren Sie jetzt gerade die Socken an Ihren Füssen? Nicht? – Doch! Jetzt, wo Sie das lesen. – Sehen Sie, diese Wahrnehmung war völlig ausgeblendet. Und man kann nicht sagen, dass das eine unvernünftige Ausblendung sei. Aber denken Sie einmal darüber nach, was Sie sonst noch alles im Moment nicht wahrnehmen …

Zweitens erkennt das Gehirn statt hunderter von Einzelinformationen bestimmte Konstellationen als ein einziges Muster. Man nennt dies «Mustererkennung». Damit kann die wertvolle Arbeitskapazität des Gehirns viel effizienter eingesetzt werden. Es erkennt auch dann ein Muster, wenn nicht sämtliche Detailinformationen zu diesem Muster vorhanden sind oder ein paar nicht dazu passen. Man nennt dies «Musterergänzung» oder schlicht «Verzerrung». Bei unvollständigen Informationen ist diese Ergänzung ein gewaltiger Vorteil. Wir können zum Beispiel Menschen, ohne ihr Gesicht zu sehen, bloss an ihrem Gang erkennen oder «T_xte auc_ dan_ no_h ve_st__en, _enn ein_ge Buc_s_aben fe_l_n». Leider kann bei diesem Vorgang aber auch das Falsche ergänzt werden. Ohne dass wir davon etwas merken.

Und drittens tendiert unser Gehirn zu Verallgemeinerungen. Es wird auch dann – unbewusst – ein Muster erkennen, wenn wir dieses Muster bewusst kaum akzeptieren würden. Sind wir in Eile, haben wir das Gefühl, dass alle Ampeln in der Stadt auf Rot schalten, wenn wir uns ihnen nähern. Und weil wir uns eine Minute lang über jede rote Ampel ärgern, aber nur eine Sekunde über jede grüne Ampel freuen, entstehen im Gehirn neue Muster, die einer nüchternen und bewussten Prüfung nicht standhalten.

Letztlich ist die Arbeitsweise unseres Gehirns dermassen effizient, dass niemand sie ernsthaft grundsätzlich in Frage stellt. Es kommt für praktische Problemlösungen eher darauf an, dass man viele und wenn möglich die passenden Denkmuster zur Verfügung hat. Wer aber mehrere Denkmuster zur Verfügung hat, wird plötzlich unsicher: Welche Wahrnehmung ist nun die richtige? Die junge Frau aus dem Beispiel oben könnte vom sympathischen Anwalt ebenso gut denken: «Wie elegant er sich gegenüber seinem Boss herausredet, um mit mir noch ein wenig plaudern zu können. Er muss mich wirklich interessant finden.» – Und damit könnte sie genauso falsch oder richtig liegen wie mit der ersten Interpretation.

Und hier wird es spannend: Woran erkenne ich, welche Interpretation die richtige ist? – Wenn Sie diese Frage stellen, haben Sie den Hauptpunkt dieses Abschnitts bereits mitbekommen: «Sinnestäuschungen überall? – Ja.»

▶ Was wir wahrnehmen und erleben, hat sehr viel mit uns selbst zu tun (mit unseren Denkmustern) und oft wenig mit der Welt, die wir zu beobachten meinen. Wissenschaftliche Arbeiten versuchen, diese subjektive Verzerrung auszuschalten.

▶ Unsere Denkmuster sind weitgehend unbewusst und führen zu «Löschungen», «Verzerrungen» und «Verallgemeinerungen» in der Wahrnehmung.

▶ Die Vorstellung, dass wir eine objektiv gegebene Realität beobachten können, heisst «Positivismus».

▶ Die Idee, dass wir unsere Wirklichkeit selbst konstruieren, heisst «Konstruktivismus».

3 Methodendiskurs oder der Teufel im Detail

Wenn man seinen eigenen Sinnesorganen offenbar nicht einfach so trauen darf, dann wird es ganz wichtig, mit welcher Methode man eine Erkenntnis gewinnt. Es kann haarklein aufs Detail ankommen, wie Sie vorgegangen sind, um zu Ihren Schlüssen zu gelangen. Bei unserem Beispiel mit dem wackeligen Boden und dem Glas Bier haben wir dies ja bereits gesehen: Ein kleiner Luftzug könnte das Resultat verfälschen. Dass die Methoden in wissenschaftlichen Publikationen einwandfrei sind, wird durch zwei Mechanismen in der Wissenschaft sichergestellt: die Gutachten und die Reaktionen aus den Wissenschaftskreisen.

Zuerst zu den Gutachten. Die weltbesten wissenschaftlichen Fachzeitschriften geben alle Artikel, die jemand dort veröffentlichen möchte, zuerst zwei Wissenschaftlern, welche ihn lesen und darüber ein Gutachten schreiben, eine so genannte Review. Nur wenn die Gutachten positiv ausfallen, wird der Artikel gedruckt. Die Personen, welche diese Gutachten verfassen, nennt man «Referees». Selbstverständlich wissen sie nicht, wer den Artikel verfasst hat, und der Autor weiss nicht, wer die Referees sind. Das Verfahren nennt sich aufgrund dieser gegenseitigen Anonymität «double blind review». In weniger angesehenen Fachzeitschriften ist das Verfahren nicht so streng; oft entscheidet einfach eine Redaktion oder der Herausgeber unter weniger anonymen Bedingungen.

Nun zu den Reaktionen aus den Wissenschaftskreisen oder – wie man auch sagt – aus der «Scientific Community». Fachartikel werden von anderen Wissenschaftlern gelesen. Und das lässt nicht immer alle kalt. Die einen Reaktionen sind mit Leserbriefen zu vergleichen: Sie haben die Kritik eines bestimmten Artikels zum Inhalt. Die anderen Reaktionen sind in wissenschaftlichen Artikeln versteckt: An einer bestimmten Stelle wird die Arbeit eines Kollegen kritisiert. Wenn Sie diese Artikel lesen und somit den wissenschaftlichen Diskurs mitverfolgen – und das sollten Wissenschaftler in ihrem Fachgebiet tun –, dann können Sie erkennen, welche Methoden gut akzeptiert sind und welche laufend Kritiken auf sich ziehen.

So viel zur Wissenschaft. Sie haben es zum Glück besser. Ihre Arbeit muss nicht der harten Kritik der weltbesten Wissenschaftler standhalten. Immerhin müssen Sie aber die Schwächen Ihrer verwendeten Methoden aufzeigen. Damit beweisen Sie, dass Sie sich der Problematik Ihres Vorgehens bewusst sind. Diese Selbstkritik ist ein wichtiger Punkt Ihrer Arbeit.

- ▶ Wissenschaftliche Methoden können individuelle Wahrnehmungsverzerrungen teilweise ausschalten.
- ▶ Eine Arbeit ist dann wissenschaftlich, wenn sie wissenschaftliche Methoden richtig und nachvollziehbar anwendet.
- ▶ Welche Methoden als wissenschaftlich gelten und wie sie richtig anzuwenden sind, wird kollektiv im wissenschaftlichen Diskurs ermittelt.
- ▶ Die selbstkritische Beurteilung der eigenen Methoden ist ein wichtiges Qualitätsmerkmal einer wissenschaftlichen Arbeit.

4 Ohne Theorie keine Praxis!

Finden Sie Theorien spannend? Viele Studierende langweilen sich mit Theorien: Die Praxis ist doch das Interessante! Theorien sind einfach zu theoretisch. – Eine begreifliche, aber nicht unbedingt nützliche Einstellung. Sehen wir uns drei praktische Probleme an:

- In einer Firma war es bisher die Norm, dass jährlich 5 % der Mitarbeitenden die Firma verliessen. Nun ist diese Kennzahl auf 8 % angestiegen. Warum? Und was kann der Personalchef dagegen tun?
- Jedes Jahr kommt eine neue «Mode» auf den Markt: Agile Organisation, Big Data, disruptive Innovation, Digital Leadership, und so weiter. Bücher werden publiziert, Seminare abgehalten, Lehrgänge und Zertifikate angeboten. Und immer wieder stehen Praktiker vor der Frage: Ist das nun für mich von Bedeutung?
- Der Chef einer weltweit tätigen Firma wollte, dass das Wissen seiner Mitarbeitenden besser genutzt wird. Damals gab es die heutige Forschung zum Thema Wissensmanagement noch nicht. Wie löste er das Problem? (Seine Lösung wurde später in vielen Büchern über Wissensmanagement als Beispiel verwendet, aber das wusste er damals noch nicht.)

Warum gibt es keine einfachen Rezepte, wie man die erwähnten Probleme lösen kann? Der Grund ist ihre Komplexität: Verschiedene Faktoren sind miteinander vernetzt. Letztlich kann keiner mehr sagen, was genau Ursache und was Wirkung war.

Gucken Sie jemandem über die Schulter, der einen platten Reifen an einem Fahrrad fachmännisch flickt, dann können sie es ihm möglicherweise bald gleichtun. Grund: Der Vorgang ist vielleicht kompliziert, aber er besteht aus einer festen Reihenfolge von klar definierten Schritten, die zum Erfolg führen. In sozialwissenschaftlichen Fragen – und insbesondere im Management – gibt es das einzig richtige Vorgehen nicht. Sonst hätten alle Manager Erfolg und die vielen Beratungsfirmen wären ohne Arbeit. Blosse Nachahmung führt also nicht mit hoher Wahrscheinlichkeit zum Erfolg. Wenn Sie zum Beispiel jemandem «über die Schulter gucken», der das Problem «hohe Kündigungsrate» löst, bedeutet das noch lange nicht, dass das gleiche Vorgehen in Ihrer Firma ebenfalls erfolgreich wäre.

Weist die erfolgreiche Firma eines Bekannten eine «virtuelle Organisation» auf (was immer das sein mag), dann heisst dies nicht zwingend, dass die Firma ohne diese Organisation erfolglos wäre. Es bedeutet ebenso wenig, dass Ihre Firma ihren Erfolg mit einer solchen Organisationsform steigern kann. Und wem, bitte schön, soll der Chef über die Schulter gucken, wenn er selber Pionier sein will?

Gesetzmässigkeiten, grundsätzliche Zusammenhänge und abstrakte Strukturen – kurz: Theorien – sind das Einzige, woran wir uns in einer veränderlichen Umwelt noch orientieren können. Selbst gute Theorien überleben nicht ewig, aber sie überleben wahrscheinlich die nächste Managementmode.

Albert Einstein hat einmal gesagt: «Die Theorie bestimmt, was wir beobachten können.» Er meint damit, dass wir ohne Theorie, die uns sagt, wonach wir suchen sollen, an den bedeutungsvollen Dingen vorbeischauen. – Sind Sie nicht einverstanden? Glauben Sie, dass Sie die wichtigen Dinge auch ohne Theorie erkennen? – Nun, jemand hat die Theorie aufgestellt, dass es bei einer Verhandlung einen grossen Unterschied macht, ob der Verhandlungspartner tief in den Bauch hinein atmet oder nur oberflächliche Brustatmung macht. Haben Sie bisher bei wichtigen Verhandlungen auf dieses Phänomen geachtet? Und wissen Sie, was es bedeutet? – Eben!

Unsere Theorien steuern nicht nur unsere Wahrnehmung, sondern, ob wir es nun wollen oder nicht, auch unsere Handlungen – und letztlich unseren Erfolg. Wie leicht meinen wir beweisen zu können, dass man mit Frau X nicht verhandeln kann, obwohl es durchaus möglich wäre, wenn wir nur die richtigen Denkmuster und die richtigen Theorien parat hätten. Die Gefahr besteht, dass wir nur die Begrenzungen unserer eigenen Denkmuster bestätigen. Theorien können uns neue Denkmuster vermitteln und damit neue Lösungsansätze. Sie sind unter dem Strich also etwas ganz Praktisches.

> ▶ Theorien sind für die Praxis bedeutsam, weil sie unsere Wahrnehmung und damit unser Verhalten steuern.
>
> ▶ Theorien sind in komplexen Situationen für die Praxis bedeutsam, weil dort einfache Rezepte versagen und nur das Verständnis der Problemsituation zu einer tauglichen Lösung führen kann.

Was ist wissenschaftliches Arbeiten?

5 Die Empirie oder Check it out

Wie oft hat man sich in der Wissenschaft schon getäuscht? So oft, dass Spötter den neusten Forschungsstand als den aktuellen Stand des Irrtums bezeichnen. Ist das Streben nach gesicherter Erkenntnis also sinnlos? – Nein, im Gegenteil. Gerade weil man ab und zu merkt, dass man sich bisher geirrt hat, kann man sicher sein, dass die Wissenschaft wirklich das tut, was sie tun soll. Hier ein Beispiel:

- Mark ist 16 Jahre alt und eher ein schüchterner Typ. Irgendwie schafft er es einfach nicht, mit Mädchen, die ihn interessieren, ins Gespräch zu kommen. Er meint, es interessiere sich sowieso keine für ihn. Sein älterer Bruder Phil gibt ihm folgenden Ratschlag: «Du musst nur richtig mit den Augen zwinkern.» Trotz hartem Training vor dem Spiegel stellt sich der gewünschte Erfolg nicht ein. Als Mark sich noch einmal bei Phil erkundigt, wie denn genau zu zwinkern sei, meint Phil: «Du musst so zwinkern, dass die Mädchen auf dich fliegen!»

Sie haben es gemerkt, die Zwinker-Theorie von Phil ist gegenüber einem Praxistest völlig immun: Wenn es nicht klappt, dann war nicht die Theorie falsch, sondern die Ausführung. Und über die Ausführung gibt es nichts anderes zu erfahren, als dass sie so sein müsse, dass sie zum theoretisch erwarteten Resultat führt. Die Zwinker-Theorie kann sich gar nie als falsch herausstellen! Würden Sie diese daher als gute Theorie bezeichnen? Sicher nicht!

Ein wesentliches Merkmal einer guten Theorie ist, dass sie falsch sein kann. Erst wenn sie falsch sein könnte und es dann doch nicht ist, ist sie eine gute Theorie.

Im Fachjargon sagt man, eine gute Theorie sei «grundsätzlich empirisch testbar». Warum sagt man nicht einfach «testbar»? Mit dem Zusatz «empirisch» verweist man auf Forschungsmethoden, die versuchen, theoretische Überlegungen in der Praxis zu bestätigen oder zu widerlegen. Es genügt also nicht, wenn eine Theorie logisch oder theoretisch testbar ist, ein wissenschaftlicher Bezug zur Praxis muss möglich sein. – Mit dem Zusatz «grundsätzlich» drückt man aus, dass einem empirischen Test durchaus praktische Probleme entgegenstehen können; es fehlen beispielsweise die nötigen Daten. Das tut aber der Qualität der Theorie keinen Abbruch, dafür kann sie nichts. Sie braucht praktisch nicht testbar zu sein; es genügt, wenn sie im Prinzip, eben grundsätzlich, testbar ist.

Um zu überprüfen, ob eine Theorie grundsätzlich empirisch testbar ist, orientiert man sich am einfachsten an der Frage: «Welche Beobachtung dürfte man gemäss dieser Theorie nicht machen können?» oder anders formuliert: «Was schliesst diese Theorie aus?».

Schliesst folgende Behauptung etwas aus? «Wie Menschen Daten beurteilen, kann durch die Art ihrer Darbietung wesentlich beeinflusst werden.» – Ja, aber nur, sofern der Begriff «Art der Darbietung» konkretisiert wird. Wenn wir zwei Gruppen von Personen je eine Situationsbeschreibung vorlegen, die sich nur durch die Verwendung von «10 % Arbeitslosigkeit» statt «90 % Beschäftigung» unterscheidet, dann dürften wir nicht beobachten, dass beide Gruppen diese Situation gleich beurteilen.[3] Tatsächlich zeigt sich in Studien ein deutlicher Unterschied.

▶ Empirie ist das wissenschaftliche Testen von theoretischen Aussagen in der Praxis.

▶ Gute Theorien sind grundsätzlich empirisch testbar; sie schliessen gewisse Dinge theoretisch aus.

6 Nachgehakt: wissenschaftliches Arbeiten verstehen

Die erste Definition bleibt bestehen: Wissenschaftliches Arbeiten ist die systematische Suche nach gesicherter Erkenntnis im Bewusstsein um die Einschränkungen unserer Sinne.

Aber jetzt wissen Sie bereits mehr über dieses «Bewusstsein um die Einschränkungen unserer Sinne». Sie kennen nämlich die Begriffe Positivismus und Konstruktivismus.

Sie wissen jetzt auch, dass die «Scientific Community» über die Tauglichkeit von Methoden entscheidet, und zwar nicht an einem jährlichen Gipfeltreffen, sondern im Laufe der wissenschaftlichen Diskussion. Dazu sind Institutionen und Prozesse nötig, über welche die Forscher ihre Resultate veröffentlichen.

Vielleicht ist bisher nicht klar genug herausgekommen, dass das wissenschaftliche Arbeiten einem Ablauf folgt: Daten sammeln, Daten interpretieren, Theorien bilden und Theorien testen. Anhand der Begriffe «Positivismus», «Konstruktivismus» und «Empirie» haben wir diesen Ablauf aber bereits der Spur nach kennen gelernt. Schauen wir ihn uns genauer an:

Daten und Fakten sammeln
Das Zusammentragen von Daten von allgemeiner Bedeutung übernimmt meist ein nationales statistisches Amt. Mittels statistischer Methoden versucht man Fragen wie die folgenden zu beantworten:

Wie viele Unternehmen gibt es in der Schweiz? Wie viele Menschen behaupten von sich, dass sie glücklich seien? Welche Gemeinsamkeiten haben Spitäler, die ein bestimmtes neues Managementsystem eingeführt haben? Für spezifischere Fragestellungen müssen Forscher Daten selbst erheben.

Daten und Fakten vergleichen und interpretieren
Forscher versuchen nun herauszufinden, was man aus diesen Zahlen herauslesen kann und was nicht. Sie stellen sich etwa folgende Fragen: Was bedeutet es, dass es soundso viele Unternehmen gibt? Sind Schweizer genügend zufrieden? Darf man schliessen, dass es für alle Spitäler, welche die Eigenschaft X nicht aufweisen, besser ist, auf das neue Managementsystem zu verzichten?

Theorien entwickeln oder Hypothesen ableiten
Wenn sich Daten nicht mit gängigen Theorien erklären lassen, dann geht es darum, neue Theorien zu schaffen. Sie werden in Form von neuen Hypothesen schrittweise entwickelt. Folgende Hypothesen könnten aufgestellt werden:
Die Schweiz hat im Vergleich zu anderen Industrienationen relativ viele kleine Unternehmen. Zürcher sind besonders unzufrieden. Spitäler ohne die Eigenschaft X sind ohne ein bestimmtes neues Managementsystem erfolgreicher als mit.

Hypothesen testen (Empirie)
Nun werden die Hypothesen empirisch überprüft. Fragen, die man sich dabei stellt, könnten beispielsweise die folgenden sein:

Ist es richtig, dass die Schweiz relativ viele kleine Unternehmen hat? Stimmt es, dass Zürcher unzufriedener sind als Bündner? Kann man mit genügender Sicherheit behaupten, dass Spitäler ohne Eigenschaft X ein bestimmtes neues Managementsystem besser nicht einführen?

Und damit schliesst sich der Kreis, weil das empirische Vorgehen zu neuen Daten führt.

> ▶ Wissenschaftliches Arbeiten ist die systematische Suche nach gesicherter Erkenntnis im Bewusstsein um die Einschränkungen unserer Sinne.
>
> ▶ Wissenschaftliches Arbeiten heisst, wissenschaftliche Methoden richtig und nachvollziehbar anzuwenden.
>
> ▶ Wissenschaftliches Arbeiten untersteht einer Qualitätskontrolle, welche einerseits durch Referees der angesehenen Fachzeitschriften und andererseits durch die Reaktionen aus Wissenschaftskreisen ausgeübt wird.
>
> ▶ Wissenschaftliches Arbeiten wickelt sich entlang der folgenden vier Schritte ab: Datensammlung, Interpretation, Theoriebildung und Empirie.

II Zum Einstieg

Es gibt Dinge, die klar sein sollten, bevor man sich auf etwas einlässt. Sonst ist die Enttäuschung vorprogrammiert.

In diesem Kapitel geht es um Folgendes:

▶ Welche Rahmenbedingungen müssen Sie abklären, bevor Sie loslegen können?
▶ Warum lohnt es sich für Sie, eine wissenschaftliche Arbeit zu schreiben?
▶ Wo gibt es die meisten Missverständnisse bezüglich des Zwecks von studentischen Arbeiten?

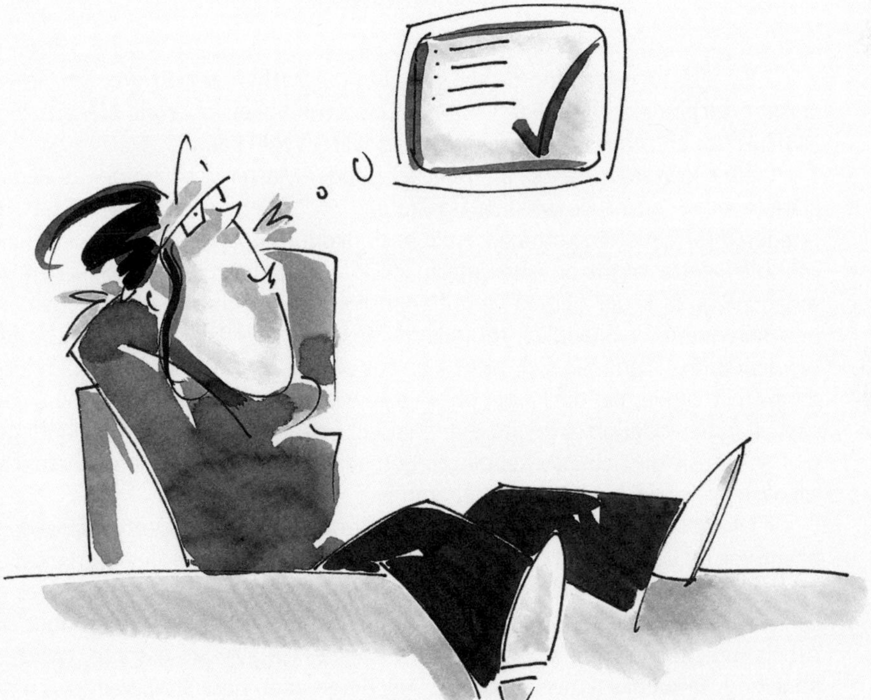

7 Rahmenbedingungen abklären

Falls Sie an einem sportlichen Wettlauf mitmachen wollen, würden Sie sich erst im Nachhinein erkundigen, ob die Geschwindigkeit oder die Eleganz Ihres Laufstils das entscheidende Kriterium darstellt? – Wohl kaum.

Ebenso werden Sie bei Ihrer Bachelor- oder Masterarbeit einiges zu Beginn klären wollen, bevor Sie wirklich «loslaufen». Wie leicht oder schwer Sie an die nötigen Informationen kommen, ist je nach Bildungsinstitution sehr unterschiedlich. Die Palette reicht von einer Informationsveranstaltung mit ausführlichen Unterlagen bis zu leider gerade vergriffenen Formularen, mittels derer gegen Gebühr eine kaum verständlich formulierte Weisung über Diplomarbeiten bestellt werden kann. Wenn Sie sich nicht klar am oberen Ende dieser Skala befinden, dann stellt sich immer die Frage, ob Sie alle wichtigen Informationen zusammengestellt haben oder ob es noch weitere, bisher unentdeckte Rahmenbedingungen gibt. Wenn Sie die nebenstehenden Fragen beantworten können, dann haben Sie ziemlich sicher das Wesentliche beisammen.

Leider kenne ich kein Reglement, das Ihnen alle diese Fragen abschliessend beantwortet. Das ist auch gar nicht möglich, weil sich einige Professoren nicht an offizielle Regeln halten, die sie für ungeeignet halten. Beispielsweise gibt es an einer Fakultät die Regelung, dass Studierende nicht mit ihrem Professor über ihre Arbeit sprechen dürfen; schliesslich ist das eine Prüfung. Professoren, die diese Regelung für wenig sinnvoll erachten, tolerieren aber, dass Studierende sich mit einem Assistenten oder einer Assistentin treffen. Nur sollten sie das dann nicht an die grosse Glocke hängen.

Ein anderes Beispiel ist eine Regelung für Gruppenarbeiten, die vorschreibt, dass klar erkennbar sein muss, welcher Teil vom wem stammt. Man fragt sich: Wo bleibt da der Witz der Gruppenarbeit? Manche Professoren treffen in Absprache mit den Studierenden abweichende Regelungen.

Rahmenbedingungen klären	
Termine	• Wann können Sie frühestens anfangen? • Wann müssen Sie spätestens fertig sein?
Startformalitäten	• Welche Voraussetzungen müssen Sie für die Zulassung erfüllen? • Wo und wann müssen Sie sich anmelden? • Welche Dokumente haben Sie mitzubringen?
Themenwahl	• Dürfen Sie Ihr Thema selbst wählen oder wird es Ihnen vorgegeben?
Qualitätsanspruch	• Wie sieht eine gute Arbeit aus? (Beispiel) • Nach welchem Bewertungsschema wird die Arbeit beurteilt?
Betreuung und Korrektur	• Wer wird Ihre Arbeit korrigieren und benoten? (Referent und allenfalls Co-Referent) • Wer wird Sie während der Arbeit betreuen? • In welcher Form und in welchem Umfang können Sie diese Betreuung üblicherweise in Anspruch nehmen?
Formalitäten des Endproduktes	• Was muss auf dem Titelblatt stehen? • Gibt es Vorschriften über die Darstellung (Schrifttyp, Schriftgrösse, Zeilenabstand, Randbreite usw.)? • Gibt es einen genau vorgeschriebenen Wortlaut für die «Selbstständigkeitserklärung»? • Werden bestimmte Zitierregeln gewünscht? • Wie viele Kopien müssen Sie abgeben? Wo? In welcher Form? • Wie lang soll Ihre Arbeit höchstens/mindestens sein? • Und was passiert bei Nichteinhaltung dieser Vorschrift?

So, und jetzt kommt noch etwas vom Wichtigsten: Lassen Sie sich den Spass an der Sache nicht durch die paar Vorschriften verderben.

▶ Klären Sie die Rahmenbedingungen Ihrer Arbeit ab.

▶ Finden Sie insbesondere heraus, in welcher Form Sie eine Betreuung in Anspruch nehmen dürfen.

▶ Beachten Sie, dass offizielle Regelungen in punkto Betreuung nicht immer wörtlich gehandhabt werden.

Zum Einstieg

8 Missverständnisse ausräumen

Das wohl häufigste Missverständnis bei studentischen Arbeiten ist die Vorstellung, der Inhalt Ihrer Arbeit sei das, was letztlich gefragt sei. – Nun, sind Sie erstaunt? Wenn es nicht um den Inhalt geht, um was dann?

Es geht darum, wie Sie Ihre Fragestellung bearbeiten. Es geht um Ihre Methodik, um eine saubere Argumentation und gute Nachvollziehbarkeit Ihrer Aussagen und Schlüsse. Es kann ja nicht sein, dass Sie eine gute Note bekommen, bloss weil Sie ein interessantes Thema gefunden haben. Welche Frage Sie behandeln, ist also nahezu bedeutungslos.

Ein ebenfalls weit verbreitetes Missverständnis ist die Vorstellung, dass man aus wissenschaftlicher Perspektive erfolgreich sein müsse, um eine gute Note zu erhalten. – Wundert Sie das? Tatsächlich ist es egal, ob die von Ihnen untersuchten Fragen positiv beantwortet werden.

Es wäre ja ein Unding, wenn jemand bei einer Arbeit durchfällt, bloss weil seine Interviewpartner nicht so geantwortet haben, wie es nötig gewesen wäre, damit ein bestimmtes Resultat zustande kommt. Ob Ihre Vermutungen bestätigt werden oder nicht, ist eher unwichtig. Aber es kommt darauf an, **wie** Sie versucht haben, Ihre Vermutungen zu überprüfen. – Sollten Sie tatsächlich eine sensationelle Entdeckung machen, dann ist das einer guten Note natürlich auch nicht abträglich.

▶ Bei der Beurteilung einer wissenschaftlichen Arbeit stehen die Untersuchungsmethode und die Nachvollziehbarkeit der Argumentation im Vordergrund.

9 Den Sinn Ihrer Arbeit verstehen

Studierende fragen manchmal nicht ganz zu Unrecht: «Wozu soll ich eine wissenschaftliche Arbeit schreiben?» Nur wird diese Frage selten laut gestellt, denn die Antwort liegt auf der Hand: Weil man muss. Es steht im Reglement. Wer den Abschluss machen will, braucht eine solche Arbeit. Punkt.

Das ist zwar richtig, aber zum Glück nicht die ganze Antwort. Sie persönlich brauchen die Arbeit ja nicht deshalb zu schreiben, Sie können ganz andere Gründe dafür haben. In der Frage nach dem Wozu schwingt aber etwas sehr Wichtiges mit, nämlich: «Ich habe keine Lust.» Das ist ganz wichtig, weil es vermutlich bestimmt, wie Sie das, was im Zusammenhang mit der Arbeit zu geschehen hat, konkret anpacken und wie Sie es subjektiv erleben.

Lassen Sie mich deshalb ein paar Gründe anführen, warum man nach dem Verfassen einer solchen Arbeit zum Schluss kommen kann, es habe sich gelohnt. Vielleicht entdecken Sie dabei einen Anhaltspunkt für Ihre eigene Motivation.

- «Ich habe entdeckt, wie wenig wir eigentlich sicher wissen. Ich habe geglaubt, nun am Ende der Ausbildung wirklich viel Fachwissen zu haben. Die Arbeit hat mir gezeigt, dass viele wichtige Fragen auch von Nobelpreisträgern und Spitzenwissenschaftlern nicht befriedigend beantwortet werden können. Das ist irgendwie ernüchternd, aber ich möchte diese Erfahrung nicht missen. Es ist dabei nämlich auch eine Messlatte für mein eigenes Wissen entstanden.»
- «Eigentlich war es nur ein grosser Stress. Und doch habe ich viel gelernt. Im Studium konnte ich vieles zeitlich hinausschieben und erledigen, wann ich dazu Lust hatte – oder ganz weglassen. Vor den Prüfungen habe ich immer mit Kolleginnen gelernt. Aber hier war ich auf mich selbst gestellt. Einmal ganz alleine für ein nicht gerade kleines Projekt verantwortlich zu sein, das hatte ich bisher noch nicht erlebt. Es hat mich gezwungen, meine Arbeitsgewohnheiten zu ändern. Wenn der nächste Leistungsdruck kommt, werde ich mir diese Ar-

- beitstechniken nicht mehr mühsam aneignen müssen, sondern kann sie quasi aus dem Ärmel ziehen.»
- «Nach den ersten drei Wochen hatte ich eine Mega-Krise. Ich hatte völlig die Orientierung verloren und wusste nicht, was ich als Nächstes tun sollte. Ich wollte das Thema und den betreuenden Dozenten wechseln, ich wollte das ganze Studium hinschmeissen. Aber dann habe ich es doch noch gepackt. Und da bin ich heute stolz drauf. Ich habe eine Krise überwunden, und das macht mich stark. – Übrigens habe ich im Gespräch mit anderen später erfahren, dass eine solche Krise völlig normal ist und fast jedem passiert. Warum hat mir das vorher niemand gesagt?»
- «Ich habe vermutlich eine ganz gute Arbeit geschrieben, aber wenige Wochen vor der Abgabe war es nur noch ein einziger Buchstabensalat. Das hatte ich damals natürlich noch nicht bemerkt. Ich begriff es erst, als ich meinem Betreuer ein kurzes Kapitel zur Durchsicht zugestellt hatte – wegen inhaltlicher Fragen natürlich – und er mir eine klare Warnung gab: ‹Inhaltlich ist es okay, aber Ihr Schreibstil ... Das versteht man ja nur dann, wenn man weiss, was Sie ausdrücken wollen.› Das ist mir unheimlich eingefahren und ich habe den ganzen Text neu redigiert. Es war eine riesige Arbeit, aber heute bin ich froh darüber: Ich habe gelernt, verständlich zu schreiben.»

Mit diesen Aussagen wird klar: Wissenschaftlich zu arbeiten, die eigene Wahrnehmung systematisch zu überdenken, sich mit eigenen und fremden Gedanken kritisch auseinanderzusetzen, das ist ein Gewinn für sich. Für jeden von uns wartet in einer wissenschaftlichen Arbeit eine Herausforderung. Ich kann Ihnen nicht genau sagen, welche. Aber es soll mir niemand erzählen, man könne dabei nichts lernen, das im späteren Leben von Bedeutung sei.

Hat sich bei Ihnen die Lust auf eine wissenschaftliche Arbeit gemeldet? Ist Ihre Neugierde geweckt? – Dann kann es losgehen.

> ▶ Das Verfassen einer wissenschaftlichen Arbeit ist oft ein persönlich bereicherndes Erlebnis. Punkt.

III Wie komme ich zu einem Thema?

Aller Anfang ist schwer. Das gilt auch für Semester-, Bachelor- und Masterarbeiten. Wer aber die ersten Schritte hinauszögert, kommt hinterher meist in Zeitnot. Das kann vermieden werden.

Dieses Kapitel will Ihnen folgende Fragen beantworten:

▶ Wie finden Sie ein Thema?
▶ Wie entwickeln Sie daraus eine bearbeitbare Fragestellung?
▶ Wie analysieren Sie ein vorgegebenes Thema?
▶ Welche Typen von Arbeiten gibt es?

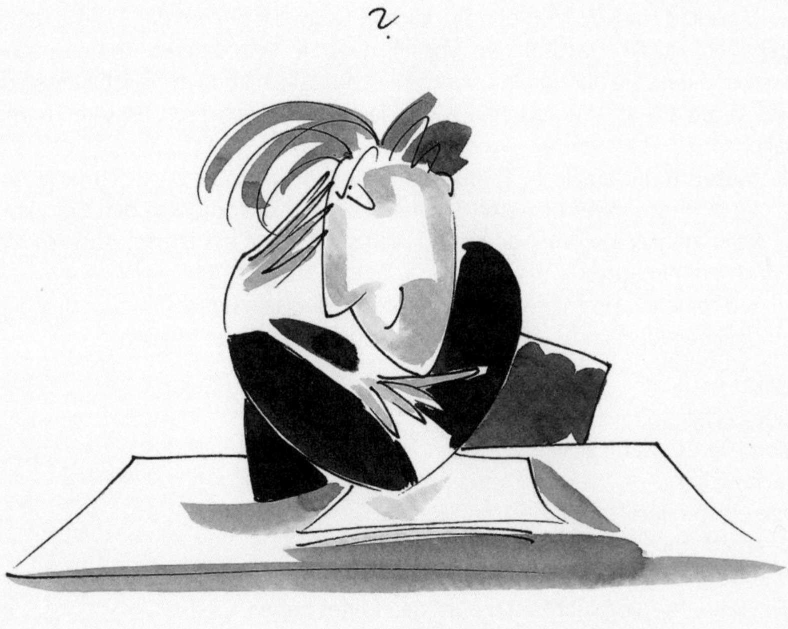

10 Ideen finden

Vielleicht sind Sie ja in der glücklichen Lage, dass Ihnen das Thema bereits vorgegeben wurde. Das hat den Vorteil, dass Sie kein eigenes Thema suchen müssen und dass Sie obendrein über die Person lästern können, welche Ihnen das Thema verpasst hat. Wahrscheinlich würden Ihnen sofort zehn bessere Themen einfallen.

Vielleicht dürfen Sie Ihr Thema aber selber bestimmen. Die Erfahrung zeigt, dass einem diese «zehn besseren Themen» dann nicht sofort in den Sinn kommen. Sie fragen sich: «Wie nur in aller Welt soll ich auf ein Thema stossen? Und erst noch auf ein gutes?»

Die folgende Liste kann Ihnen eine Anregung sein um herauszufinden, welche möglichen Quellen Sie bisher vielleicht zu wenig genutzt haben:

- den Unterricht
- eine Fachzeitschrift
- einen Zeitungsartikel
- Fachbücher
- Ihre eigene Berufserfahrung
- Geschäftskollegen, ehemalige und aktuelle
- eine Dozentin (es darf auch ein Mann sein)
- die Firma, für die Sie arbeiten oder gearbeitet haben

Haben Sie all diese Quellen genutzt? – Dann sind Sie sicher auf ein paar Ideen gestossen. Leider ist auf Anhieb fast immer völlig unklar, ob Ihre Idee brauchbar ist oder nicht. Deswegen sehen wir uns im nächsten Abschnitt an, wie man von einer vagen Idee zu einer wohlstrukturierten und durchführbaren Fragestellung kommt.

Aber vorher gilt es, eine strategische Überlegung zu machen, sobald sich eine erste Idee herauskristallisiert hat: Was bringt Ihnen eine Arbeit in diesem bestimmten Gebiet? Das klingt furchtbar eigennützig. Vielleicht finden Sie es sogar schlicht falsch, eine solche Frage zu stellen, weil man Ihrer Meinung nach aus Interesse studieren sollte und nicht aus wirtschaftlichen Überlegungen. So viel ist klar: Ein Gebiet, das Sie nicht interessiert, ist von vornherein abzulehnen. Aber unter denen, die Sie interessieren, gibt es vielleicht welche, die unter Berücksichtigung Ihrer beruflichen Zukunft zu bevorzugen sind.

Ich persönlich habe eine bittere und eine süsse Erfahrung gemacht. Das Thema meiner Lizentiatsarbeit lautete «Die Auswirkungen des Frauenstimmrechts auf die Politik in der Schweiz». Das Thema hat mich brennend interessiert, aber nach Abschluss meines Studiums musste ich feststellen, dass Kollegen, die andere Themen gewählt hatten, viel bessere Einstiegschancen ins Berufsleben hatten – selbst wenn ihre Note für die Arbeit nicht gerade berauschend war. Meine Dissertation dagegen schrieb ich über «Die Prozessorganisation in der öffentlichen Verwaltung». Die Arbeit wurde in einer Zeit fertig, in der die erste Euphorie über das New Public Management in der Schweiz langsam abklang und man allgemein merkte, dass die geforderte Leistungssteigerung trotz neuer Führungsinstrumente innerhalb der traditionellen Verwaltungsstrukturen meist nicht realistisch ist. Dank diesem Thema kam ich bereits zu interessanten Beratungsaufträgen, bevor die Arbeit überhaupt fertig war. Damit will ich nicht sagen, die Auseinandersetzung mit dem Frauenstimmrecht habe sich für mich nicht gelohnt. Trotzdem: Falls Sie nicht vorhaben, eine Dissertation zu schreiben, sollten sie sich von Anfang an bewusst sein: Für die erste Stelle nach dem Studium kann Ihre Abschlussarbeit eine Eintrittskarte darstellen. Wenn Sie nicht aus Unwissenheit, sondern bewusst auf diese Eintrittskarte verzichten, zugunsten von reiner Neugierde und Spass an der Sache, dann kommt es sicher auch gut.

Übrigens: Auch wenn Ihnen Ihr Thema vorgegeben wird, lohnt sich die Lektüre des nächsten Abschnitts.

▶ Nutzen Sie alle möglichen Quellen, um zu Ideen zu gelangen.

▶ Wählen Sie das Gebiet Ihrer Arbeit im Hinblick auf Ihre berufliche Zukunft aus.

11 Ein Thema analysieren

Kennen Sie die Situation? Sie haben ein Problem und sprechen mit einem Freund darüber. Sie reden und reden, der Freund sagt eigentlich nichts, er stellt nur ein paar Fragen. Und nach einer oder zwei Stunden ist das Problem gelöst. Als Sie sich bedanken wollen, sagt Ihr Freund: «Wofür? Ich habe dir keinen einzigen guten Rat gegeben.»

Oft sind es die «richtigen Fragen», die uns weiterhelfen – viel mehr als gute oder gut gemeinte Ratschläge. Ein «Fragenraster» kann Ihnen zwar nie die gute Atmosphäre eines freundschaftlichen Gesprächs ersetzen, aber es kann Sie zur Selbsthilfe anleiten. Und genau darum geht es bei der Themenanalyse.

Kurz gesagt, besteht die Themenanalyse aus diesen fünf Fragen:

1. Wie lautet das Thema?
2. Was wollen Sie genau erreichen und warum?
3. Wie gehen Sie dazu vor und wie viel Zeit braucht das?
4. Mit welcher Literatur werden Sie hauptsächlich arbeiten?
5. Was fördert/behindert die Bearbeitung des Themas?

Die Antworten darauf helfen Ihnen – oder einer Betreuungsperson –, die zwei entscheidenden Fragen zu beantworten, nämlich, ob Ihr Forschungsprojekt für Ihren Studiengang angemessen und ob es praktikabel ist.

Finden Sie, diese fünf Fragen seien etwas sehr allgemein gestellt? – Sie haben recht. Deshalb präsentiere ich Ihnen, jetzt wo Sie den Überblick haben, diese Fragen in der folgenden Tabelle noch etwas mehr im Detail.

Wie komme ich zu einem Thema?

Projektbeschreibung

1. Ausgangslage und Forschungsbedarf/Handlungsgrund

Beschreiben Sie den wissenschaftlichen Forschungsbedarf respektive den praktischen (betrieblichen) Handlungsgrund. Nennen Sie Gründe, warum die Frage geklärt, das Problem gelöst werden muss. Zahlen, die den Nutzen einer Lösung abschätzbar machen, sind hilfreich. Erwähnen Sie am Schluss Ihre persönliche Motivation.

2. Zielformulierung (Fragestellung)

Was wollen Sie genau erreichen? Oder: Welche Frage wollen Sie beantworten?

3. Eigenschaften des Resultats

Welche Bedingungen soll Ihre Lösung, welche Qualitätskriterien soll Ihr Resultat erfüllen?

4. Abgrenzung

Was könnte allenfalls in der Zielformulierung mitgemeint werden, ist aber von der Untersuchung ausgeschlossen?

5. Methodik/Forschungsdesign

Mit welcher Forschungsmethodik wollen Sie dieses Ziel erreichen?

6. Stand der Forschung

Quelle	Hauptaussagen
z. B. Hunziker (2020): Spass am wissenschaftlichen Arbeiten.	Mit Themenanalyse von wolkiger Idee zu konkretem Forschungsprojekt.
...	...

7. Einschätzung des Umfeldes

Fehlende Information	Mögliche Quellen
Das muss ich noch wissen.	Hier kann ich es erfragen oder herausfinden.
Risiko/Widerstand	**Massnahmen**
Hier könnte es Probleme geben.	Das tue ich dagegen.
Fördernde Faktoren	**Nutzung**
Das sind günstige Umstände.	Mit diesen Massnahmen nutze ich sie.

8. Aufwandschätzung

Arbeitspaket	Zeitaufwand in h
Arbeitspaket 1	...
Arbeitspaket 2	...
...	...
Total	z. B. 300 h

Wie komme ich zu einem Thema?

Wenn Sie das Thema vorgegeben erhalten, dann ist die Interpretation des Themas natürlich ganz wichtig. Bereits beim ersten Gespräch mit dem Betreuer können so allfällige Missverständnisse geklärt werden. Wenn Sie das Thema selbst finden müssen, dann bewahrt dieser Abschnitt Sie davor, in ein zu schwammiges, zu grosses oder zu wenig ergiebiges Thema einzusteigen.

Oft ist mit dem Thema oder Titel allein nicht klar, was erreicht werden soll. Ein Thema lautet vielleicht «Der Einfluss der Organisationsform auf die Marktanpassungsfähigkeit von Unternehmen». Sie könnten das Ziel haben, die Aussagen der drei wichtigsten Autoren zu diesem Thema einander gegenüberzustellen. Sie könnten aber auch eine bestimmte Aussage empirisch testen wollen. Das Thema lässt also Raum für zwei völlig verschiedene Arbeiten. – Selbst wenn Sie diese Frage entschieden haben, können Sie sich darauf beschränken, die Matrix-Struktur einer funktionalen Struktur gegenüberzustellen oder aber weitere Organisationsstrukturen einzubeziehen. Auch hier ist Raum für sehr unterschiedliche Arbeiten.

Ein Thema abgrenzen	
Kriterium	**Sie beschränken sich beispielsweise auf …**
Ort	… den Kanton Bern.
Zeit	… die letzten zwei Jahre.
Fragestellung/Inhalt	… psychologische Aspekte einer Problemlage.
Methode	… die Durchführung und Auswertung der Umfrage.
Untersuchungsgegenstand	… eine bestimmte Firma, Abteilung oder Personengruppe.

Ganz wichtig ist auf jeden Fall zu notieren, was man nicht machen will. Man nennt dies «Abgrenzung». Die Abgrenzung ist nicht nur einfach zur Klärung der Fragestellung wichtig, sondern sie eröffnet die Möglichkeit, ein zu kleines Thema aufzuwerten oder ein zu grosses einzugrenzen. Zudem hilft sie, Missverständnisse zwischen Ihnen und der Betreuungsperson zu verhindern. Wie man abgrenzen kann, zeigt die folgende Darstellung. Da zu grosse Themen häufiger vorkommen, sind die Kriterien mit Beispielen einer Beschränkung illustriert. Die gleichen Kriterien können aber auch umgekehrt zur Ausdehnung eines Themas angewendet werden.

Oft kann die Betreuungsperson bei der Abgrenzung sehr hilfreich sein. Trauen Sie sich zu fragen, wenn Sie unsicher sind. Und konsultieren Sie, falls Sie eine praktische Arbeit schreiben, den Abschnitt ab Seite 120.

So, jetzt müsste eigentlich alles klar sein. – Halt, eins ist noch zu erwähnen: Sie müssen nicht alle Fragen der Themenanalyse schön der Reihe nach beantworten. Beantworten Sie zunächst, was Sie können, und füllen Sie dann schrittweise die Lücken, bis ein stimmiges Ganzes vorliegt. Dieser Prozess wird zwangsläufig teilweise etwas chaotisch verlaufen. Das macht nichts, im Gegenteil: Nur so

Wie komme ich zu einem Thema?

kommt Ihre Kreativität zum Zug. Und schliesslich haben Sie ja den Fragenraster, an dem Sie sich orientieren können, damit vor lauter Kreativität der Überblick nicht verloren geht.

Vielleicht sind Sie jetzt etwas enttäuscht: Haben Sie sich eine Themenanalyse einfacher vorgestellt? – Ich gebe zu, es ist ein ziemlicher Aufwand, all diese Fragen zu beantworten. Aber welche Frage möchten Sie weglassen? Bei welcher Frage möchten Sie erst nach der Hälfte Ihrer Arbeit erkennen, dass Sie diese nicht wirklich beantworten können? Es führt letztlich kein Weg an einer Themenanalyse vorbei.

Zwei Punkte vielleicht zum Trost, falls die aufwendige Arbeit Sie im Moment etwas erschreckt. Unter Doktoranden hört man oft das Bonmot «Das Thema zu finden ist die halbe Arbeit». Auch wenn dies etwas übertrieben ist, so ist doch etwas dran: Nach der Themenanalyse sind Sie vermutlich viel weiter mit Ihrer Arbeit, als es Ihnen zunächst scheinen mag. Und der andere Punkt: Den Raster brauchen Sie nicht mühsam abzuschreiben und zu formatieren. Sie können ihn aus dem Internet herunterladen. Immerhin!

> ▶ Die Themenanalyse ist ein unverzichtbares Instrument, um aus einer Idee ein konkretes, durchführbares Thema für eine wissenschaftliche Arbeit zu entwickeln.
>
> ▶ Für die Eingrenzung des Themas kann oft die Betreuungsperson hilfreich sein.
>
> ▶ Raster im Bookshelf → siehe digitale Begleitmaterialien vorne im Buch.

Beachten Sie die Checkliste «Zielsetzung» im Anhang und im Bookshelf.

Wie komme ich zu einem Thema?

12 Themenanalyse in Aktion

Es gibt Dinge, die sind in der theoretischen Beschreibung klar, bei der praktischen Umsetzung aber tauchen jede Menge Fragen auf. Wer hat nicht schon – trotz ausführlicher Wegbeschreibung – das Haus eines Freundes gesucht?

Damit Sie Ihren Weg zur guten Arbeit auf Anhieb finden, möchte ich mit Ihnen den Prozess des Erarbeitens der Themenanalyse anschauen. Natürlich müssen Sie Ihren Weg nachher selber finden, aber ein Beispiel kann nicht schaden.

Nehmen wir zum Beispiel Tom, einen (fiktiven) Bekannten von Ihnen. Er hat sich vorgenommen, ein praktisches Thema zu wählen, von Theorie hält er nicht viel. Die konkrete Wahl des Themas hat er aber immer hinausgeschoben und kommt jetzt – drei Wochen vor dem Eingabetermin – mit folgender Idee:

Beispiel für ein unausgereiftes Thema

Wirtschaftlichkeit von Abklärungen im Zahlungsverkehr

Ausgangslage: Ein Finanzinstitut trifft monatlich mehrere tausend Abklärungen im Auftrag seiner Kundinnen und Kunden. Dabei wird jede Anfrage unabhängig vom Transaktionsbetrag bearbeitet. Neben Betragsabklärungen müssen auch wegen fehlerhafter Referenznummern Nachforschungen angestellt werden. Daneben werden an einer zentralen Stelle Abklärungen vorgenommen, wenn zwischen den Buchhaltungen der Aussenstellen und den verarbeiteten Belegen bei der Zentralstelle Unterschiede festgestellt werden. Dabei gilt pro Transaktion eine Betragslimite von CHF X.–. Differenzen unter dieser Limite werden ohne Abklärungen korrigiert und der Differenzbetrag als solcher ausgebucht.

Idee der Arbeit: Im Rahmen der Arbeit soll festgestellt werden, ob es wirtschaftlich Sinn macht, Kundenabklärungen erst ab einem gewissen Betrag durchzuführen und der Forderung der Kundschaft sofort und ohne Abklärungen nachzukommen. Dabei sind Einflüsse auf das Image, welches Kundinnen und Kunden vom Finanzinstitut haben, aber auch finanzielle Überlegungen zu berücksichtigen. Ebenfalls soll die Betragslimite für die Abklärungen von Unterschieden zwischen Aussenstellen und Zentralstelle unter die Lupe genommen werden.

Wenn Sie jetzt Lust auf eine Übung haben, dann können Sie für Ihren Kollegen eine Themenanalyse durchführen. Falls Ihnen dies – verständlicherweise – etwas aufwendig erscheint, können Sie den Text nochmals durchlesen und während zwei Minuten abzuschätzen versuchen, was bei der Themenanalyse herauskommen müsste. Dann sind Sie reif fürs Weiterlesen.

Folgende Punkte müssten herauskommen:
- Das Thema ist vermutlich «zu einfach», weil die Existenz einer Betragslimite völlig plausibel ist und eine grundsätzliche Hinterfragung wenig sinnvoll erscheint. Da die Kunden von dieser Betragslimite nichts wissen, ist die Auswirkung der Limite auf das Image wohl kein nennenswerter Faktor.
- Tom hat eigentlich keine Ahnung, wie er das Thema angehen will. Die Vorgehensweise ist ihm selber nicht klar. Vielleicht will er das Forschungsdesign erst festlegen, wenn er weiss, welche Daten ihm zur Verfügung stehen.
- Zur Bearbeitung des Themas muss er an vermutlich heikle Daten des Finanzinstituts kommen. Welche Daten er genau braucht, weiss er nicht, weil er seine Vorgehensweise nicht kennt. Falls er beim Zugriff auf Daten an enge Grenzen stösst, ist das Thema geplatzt.
- Tom hat vielleicht zu wenig Ahnung von der Literatur zum Thema Zahlungsverkehr.

Sind Sie zu den gleichen Punkten gekommen? – In jedem Fall sehen Sie, dass die Themenanalyse Ihnen die zentralen Punkte zwar nahelegt, aber nicht immer zwingend präsentiert. Sie sehen ebenfalls, dass Sie auf eine ausführliche Analyse verzichten könnten, wenn Sie aufgrund des Rasters bereits die richtige Intuition entwickelt haben. Meistens benötigt man dazu aber etwas Übung – und wer hat die schon?

Für Tom stellt sich die Frage: Ist das Thema nun gestorben oder kann man mit der Kritik etwas anfangen? Oder präziser gefragt: Was kann unternommen werden, damit das Thema durchführbar wird? Hier schweigt die Themenanalyse. Was würden Sie Tom raten?

Ich rate Tom Folgendes:
- Mach eine Liste der möglichen Verfahren, welche zur Eruierung deiner Frage helfen können. Notiere dabei, welche Daten du vom Finanzinstitut benötigst. Antworten könnten sein: Break-Even-Analyse, Prozessanalyse oder Prozesskosten-Rechnung.
- Frage eine Ansprechperson im Finanzinstitut, ob es Hinweise oder begründete Vermutungen gebe, dass die X-Franken-Grenze viel zu hoch oder viel zu tief sei. Wenn nein, dann ist die Wahrscheinlichkeit gering, dass etwas Interessantes herauskommt und dass die Arbeit eine praktische Bedeutung hat, wie du, Tom, es dir wünschst.

Wie komme ich zu einem Thema?

- Befrage die Ansprechperson ebenfalls nach verfügbaren Daten. Die Frage kannst du präziser formulieren, wenn du vorher den ersten Punkt bearbeitet hast.
- Frage die Ansprechperson ebenfalls, was sie denkt, wie die Fragestellung ausgebaut werden könnte, da das Thema bis jetzt eher etwas zu wenig hergibt.
- Frage einen Dozenten im Fach Rechnungswesen, was er davon hält.
- Erarbeite dir ein alternatives Thema. Für den Fall, dass hier etwas schief läuft – und das kann gut sein –, solltest du nicht mit leeren Händen dastehen.

Raten Sie ihm etwas anderes? Etwas noch Nützlicheres? Umso besser!

Wenn Sie sich nun in Tom hineinversetzen, dann merken Sie, wie viel Arbeit hinter dem Entwickeln der konkreten Fragestellung steht. Das ist keine Aufgabe wie jede andere. Es benötigt Ihre volle Aufmerksamkeit, Sie müssen sich auf Ihr Thema wirklich einlassen. Da gehören also auch Emotionen dazu. Auf Englisch sagt man «commitment». Eine meiner Kolleginnen[4] formuliert es treffend auf Deutsch: «Sie müssen mit dem Thema schwanger werden.» Auch wenn diese Formulierung manchen männlichen Studierenden nicht ganz nahe liegt, so ist auch ihnen intuitiv klar, dass ihre Arbeit eben «ihr Baby» ist.

Wenn Tom sich emotional auf sein Thema einlässt und wenn er inhaltlich meinen und Ihren Rat befolgt, dann wird er mit Antworten auftauchen. Teils werden das befriedigende, teils weniger befriedigende Antworten sein. Da stellt sich die nächste Frage: Wann bin ich fertig mit der Themenanalyse? Schliesslich kann man noch wochenlang daran herumfeilen.

Um herauszufinden, wann die Themenanalyse fertig ist, führen wir uns vor Augen, welche Ziele wir damit erreichen wollen:

- Das Thema hat keine Fallstricke und Unwägbarkeiten, es ist sicher durchführbar.
- Die Arbeit ist vorstrukturiert, ich weiss in etwa, was auf mich zukommt.
- Ich werde vom Betreuer optimal unterstützt, weil ich die nötigen Informationen gut für ihn aufbereitet habe.

Der letzte Punkt ist nicht zu unterschätzen. Betreuer sind nämlich auch nur Menschen und meist für die Betreuungsarbeit schlecht bezahlt. Wenn Sie wirklich das Fachwissen der betreuenden Person vor Ihren Wagen spannen wollen, dann müssen Sie zumindest das Zaumzeug bereithalten. Andernfalls riskieren Sie, dass Sie eine unter Zeitdruck abgegebene Kurzantwort Ihres Betreuers ausbaden müssen. Natürlich möchte kein Betreuer eine uninteressante Arbeit korrigieren, aber eine Asymmetrie bleibt immer bestehen: Für Sie steht ungleich mehr auf dem Spiel.

Zurück zur Frage: Wann ist Tom fertig mit der Analyse? Zwei Bedingungen müssen erfüllt sein: Erstens, Tom hat selber das Gefühl, fertig zu sein, und zweitens, die Betreuungsperson gibt ihr Okay.

Wie komme ich zu einem Thema?

Jetzt wenden Sie vielleicht ein, dass das mit dem Gefühl so eine Sache sei. Das stimmt. Aber wenn Sie nach einer Themenanalyse das Gefühl haben, dass Sie loslegen können, dann ist das etwas ganz anderes, als wenn Sie das vor der Analyse haben. Und wenn Sie das Gefühl haben, dass Sie noch nicht fertig sind, dann können Sie dieses Gefühl dank der Analyse lokalisieren: Hier bin ich unsicher, da muss ich noch etwas abklären.

Das Okay des Betreuers bekommen Sie meistens einigermassen leicht. Wieder gilt: Es ist nicht das Gleiche, ob Sie das Okay mit oder ohne Analyse bekommen haben. Machen Sie eine Analyse, so erhalten Sie mit dem Okay in der Regel auch noch einen bunten Strauss von Anregungen und Hinweisen obendrein. Falls Ihnen dieser Strauss nicht freiwillig überreicht werden sollte, ist es dann eine Kleinigkeit, höflich darum zu bitten.

▶ Beim Entwickeln der Themenanalyse vom ersten Entwurf bis zur Endfassung lassen Sie sich durch die Fragen führen, die Sie nicht befriedigend beantworten können.

▶ Beim Entscheid zum Abschliessen der Themenanalyse verlassen Sie sich auf Ihr Gefühl und Ihren Betreuer.

Beachten Sie die Checkliste «Zielsetzung» im Anhang und im Bookshelf.

13 Typen von Arbeiten – zur Orientierung

Wenn Sie nun ans Werk gehen, um eine eigene Fragestellung auszuarbeiten, könnte es für Sie nützlich sein, verschiedene Typen von Arbeiten zu unterscheiden. Lässt sich Ihre Arbeit einem bestimmten Typ zuordnen, dann kennen Sie bereits die Grundkonstruktion Ihrer Arbeit. Damit können Sie die vier anderen Typen ausschliessen. Und wenn Sie sich bei anderen Arbeiten ein Vorbild holen wollen, erfolgt dies gezielter. Hier sind fünf Typen von Arbeiten:

Typen studentischer Arbeiten	
Literaturarbeit	Darstellung, Gegenüberstellung und kritische Würdigung von Beiträgen in der Literatur zu einer bestimmten Fragestellung.
Theoretische Arbeit	Theoretische Überlegungen zu einer (i.d.R. theoretischen) Fragestellung.
Explorative Arbeit	Erforschen eines Gebietes, um wichtige Fragen zu erkennen sowie Vermutungen und Hypothesen aufzustellen.
Empirische Arbeit	Überprüfung einer Frage bzw. Hypothese anhand der Realität: Daten, Umfragen, Interviews, Experiment.
Praktische Arbeit	Lösung eines praktischen Problems anhand von entsprechenden Theorien und mittels praktischer Abklärungen.

Die **Literaturarbeit** ist vermutlich der einfachste Typ. Sie müssen die für Ihre Fragestellung bedeutsame Literatur

- finden,
- lesen,
- strukturieren,
- zusammenfassend darstellen und
- würdigen.

Wenn Sie die drei wichtigsten Quellen gefunden haben, kann eigentlich nicht mehr viel schief gehen. Etwas Kreativität braucht es beim Finden der Kriterien, nach denen Sie die Literatur strukturieren wollen. Professoren vergeben gerne solche Arbeiten zu Themengebieten, die sie selbst interessieren und über die sie sich einen Überblick verschaffen wollen. An Fachhochschulen habe ich diesen Arbeitstyp selten angetroffen. Wenn Sie das Thema selbst wählen können, dann müssen Sie sich fragen, ob Sie nicht etwas Aufregenderes machen wollen. Für die Beurteilung zentral sind Fleiss, saubere Arbeit und das oben genannte Quäntchen Kreativität.

Die **theoretische Arbeit** basiert selbstverständlich auf dem Studium der entsprechenden Literatur, aber sie versucht, daraus etwas zu entwickeln. Mögliche Fragestellungen sind: «Können Theorie A und Theorie B gleichzeitig verwendet werden oder schliessen sie sich gegenseitig aus?» Oder Sie fragen: «Auf welchen nicht ausdrücklich erwähnten Annahmen beruht die Theorie C, wenn man sie im Lichte der Theorie D betrachtet?» Für die Beurteilung zentral sind Methodik und Qualität der Argumentation.

Eine **explorative Arbeit** können Sie nur über ein Gebiet schreiben, in dem noch wenig geforscht wurde. Sie fragen: «Welches sind die bedeutsamen Faktoren in Bezug auf das Problemfeld X?» – «Auf welche Punkte ist zu achten, wenn man Y tut?» – «Welche Vermutungen lassen sich zum Problemzusammenhang Z formulieren?» Als Beantwortung dieser Fragen genügt es, plausible, grundsätzlich testbare Hypothesen aufzustellen. Beurteilungsrelevant sind die Methodik und Ihr Gespür dafür, wichtige Fragen aus einer zunächst wenig strukturierten Problemlandschaft herauszufiltern.

Bei der **empirischen Arbeit** stellen Sie Vermutungen an und formulieren diese als Hypothesen. Dann überprüfen Sie diese anhand von Informationen aus der Realität. Beispiele: «Fusionen von Firmen sind sehr im Trend. Bei Architekturbüros ist dieser Trend nicht feststellbar. Ist die Tatsache, dass in Architekturbüros kreativ gearbeitet wird, die zentrale Ursache dafür?» – «Welche Massnahmen haben sich in der Praxis als besonders wirksam herausgestellt, um den Frauenanteil im Kader zu erhöhen?» – «Gibt es einen genügend grossen Markt für das Produkt Sowieso?» Zentral für die Beurteilung ist Ihre Methodik.

Die **praktische Arbeit** klingt vom Namen her für viele sehr verlockend. Wer möchte schon nicht etwas mit offensichtlichem Praxisbezug machen? Damit Sie aber nicht einfach einen Arbeitsbericht oder einen Zeitungsartikel abliefern, müssen Sie mehr tun, als ein Problem lösen. Zuerst ist eine klare Problemstellung zu formulieren. Dann müssen Sie die theoretischen Grundlagen liefern, die zur Lösung des Problems herangezogen werden können. Und schliesslich müssen Sie unter Bezugnahme auf diese Theorien eine Lösung entwickeln. Konkrete Fragestellungen könnten sein: «Wie sieht ein sinnvolles Qualitätskonzept für die Firma A aus?» – «Unternehmen B wird reorganisiert. Welche Varianten der Neustrukturierung gibt es und wie sind diese im Hinblick auf die gesteckten Ziele zu beurteilen?» Die Beurteilung richtet sich nach dem praktischen Nutzen Ihrer Arbeit und nach der Methodik.

▶ Die Zuordnung Ihrer Arbeit zu einem der fünf Typen gibt Ihnen eine erste Orientierung.

▶ Diese Zuordnung hilft Ihnen, falls Sie andere Arbeiten suchen, von denen Sie lernen wollen.

IV   Wie suche ich Literatur?

Wissenschaftler lassen sich gerne vor dem Hintergrund eines Büchergestells fotografieren. Bücher symbolisieren wie kaum ein anderer Gegenstand die wissenschaftliche Tätigkeit. Nicht ganz zu Unrecht.

Um Folgendes geht es in diesem Kapitel:

▶ Sie verstehen Sinn und Zweck der Literatursuche.
▶ Sie wissen, auf welche Fragen über Ihre Bibliothek Sie die Antworten kennen müssen.
▶ Sie kennen die Techniken, mit denen Sie in der Bibliothek und im Internet recherchieren können.
▶ Internetquellen sind im wissenschaftlichen Kontext sehr heikel. Sie wissen, warum und wie Sie damit umgehen können.

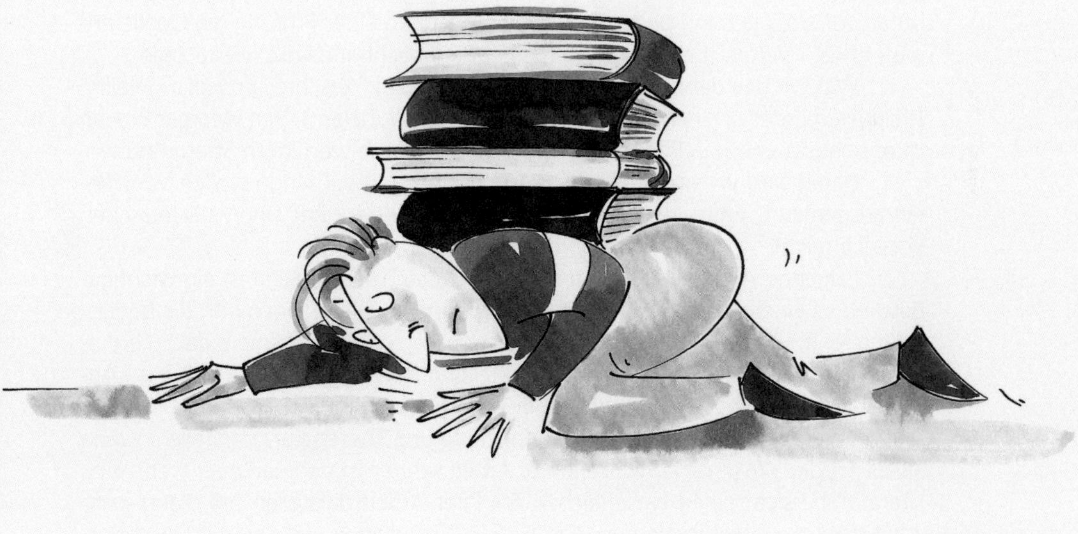

14 Literaturrecherche – Wenn Abschreiben Trumpf ist

Aus der Grundschule wissen wir alle: Abschreiben gilt nicht. Es ist unfair. So wurde es uns beigebracht, damit wir in Prüfungssituationen nur auf unser eigenes Blatt schauen. Natürlich ist da etwas Wahres dran. Aber es kommt ja auch selten vor, dass jemand beim Abschreiben während einer Prüfung die Quelle angibt, etwa: «Vergleiche die Lösung meiner Banknachbarin links, vierte Zeile.»

Was wir aus der Grundschule ebenfalls wissen: Abschreiben ist langweilig. Die Braven unter uns haben es vielleicht beim Diktat gelernt, den weniger Braven ist es unauslöschlich in Erinnerung dank der didaktisch wertvollen Strafaufgaben.

Damit sind wir alle standardmässig bestens mit verhängnisvollen Vorurteilen ausgerüstet. Wem es gelingt, diese zu überwinden, hat einen strategischen Vorteil erreicht.

Folgende Antithesen liessen sich formulieren: Abschreiben ist ein wichtiger Bestandteil einer Arbeit – Abschreiben ist spannend. Wenn Ihnen nun die Begeisterung fehlt, um diesen Aussagen aus tiefstem Herzen zuzustimmen, dann liegt es vielleicht daran, dass Sie keine klare Vorstellung davon haben, was hier mit «Abschreiben» gemeint ist. Es bedeutet in erster Linie, dass Sie den Stand der Forschung und die wichtigsten Begriffe, Konzepte und Thesen kurz darstellen. Wenn Sie es mit der Wissenschaftlichkeit Ihrer Arbeit sehr ernst nehmen oder wenn eine Literaturübersicht einen wesentlichen Teil Ihrer Arbeit darstellen soll, kann «Abschreiben» zusätzlich bedeuten, dass Sie die Grundlagenwerke und die wichtigsten Forschungsstränge erläutern. Sehen wir uns diese Punkte genauer an.

Stand der Forschung kennen
Welche Fragen sind unbeantwortet, welche gelten als beantwortet und über welche Fragen streitet sich die Wissenschaft, wer die bessere Antwort darauf habe?

Mit diesen Fragen versucht man, den Stand der Forschung in einem Gebiet zu charakterisieren. Es ist sicher zentral, dass Sie bezüglich Ihrer Fragestellung über den Stand der Forschung einigermassen Bescheid wissen. Andernfalls ist das Risiko gross, dass Sie etwas Neues erfinden, was es aber schon gibt, dass Sie ein überstrapaziertes Feld beackern oder dass Sie mit Ihren eigenen Gedanken sonstwie daneben liegen. Den Stand der Forschung zu erkunden, können Sie als Pflichtübung ansehen oder aber als aufregendes Abenteuer, bei dem Sie auf neue interessante Gedankengänge und Forschungsergebnisse stossen.

Begriffe, Konzepte und Thesen
Wenn Sie etwas über ein Forschungsgebiet wissen wollen, dann sind es nicht nur die Forschungsresultate, die interessieren, sondern auch die «gedanklichen Instrumente», die verwendet werden.

Wenn Sie die Literatur studieren, richten Sie Ihre besondere Achtsamkeit auf neue, Ihnen nicht bekannte Begriffe. Man könnte meinen, bei Begriffen handle es sich nur um abstrakte Definitionen, welche nicht so wichtig seien. Aber in Wirklichkeit spielen Begriffe eine zentrale Rolle, weil sie die Gedanken strukturieren. Begriffe teilen die Welt in Dinge, die zum Begriff gehören, und solche, die nicht darunter fallen. Sie steuern daher unsere Wahrnehmung.

Meistens entstehen Begriffe nicht einfach so, sondern sie sind Teil eines Konzepts oder einer Theorie. Sie gehören also meist zu einem «Begriffsgebäude», in dem sich verschiedene Begriffe aufeinander beziehen. Aus den fruchtbaren Konzepten oder Theorien lassen sich Thesen ableiten, also Vermutungen über Zusammenhänge in der realen Welt. Darauf bauen dann die Forschungsresultate auf, welche wir bereits oben, unter «Stand der Forschung», besprochen haben.

Erst wenn Sie also die Zusammenhänge zwischen Begriffen, Konzepten und Thesen erkennen, dann verstehen Sie wirklich etwas von Ihrem Forschungsgebiet.

Grundlegende Werke kennenlernen
Wer Literatur durchstöbert, lernt mit der Zeit die grundlegenden Werke kennen. Es sind diejenigen, welche alle anderen auch kennen, die sich mit dem Thema befasst haben, oder diejenigen, die in jedem Literaturverzeichnis vorkommen. Manchmal gibt es aber einen schnelleren Weg, auf diese Bücher zu stossen: Fragen Sie eine Fachperson.

Wenn Sie die gesamte Grundlagenliteratur lesen wollten, wären Sie lange beschäftigt. In vielen Fällen genügt es glücklicherweise, eine gute Zusammenfassung zu lesen und sich dann die Rosinen aus dem Originaltext zu suchen. Mag sein, dass dies einer «reinen» Vorstellung von wissenschaftlichem Arbeiten widerspricht, aber es wird so gemacht, ist nicht beanstandbar (und übrigens auch kaum feststellbar) und es ist effizient. Natürlich werden Sie das Buch, in welchem Sie die Zusammenfassung gelesen haben, auch ins Quellenverzeichnis aufnehmen.

Forschungsstränge erkennen
In einem Fachgebiet nehmen Forschungen in der Regel aufeinander Bezug. Wenn man Fragen aber grundsätzlich so oder anders angehen kann, dann trennen sich manchmal die Wege. Forschende nehmen dann nur Bezug auf Studien mit den gleichen Annahmen. Um beispielsweise den Prozess zu verstehen, wie grosse Firmen zu einer Strategie kommen, gibt es verschiedene Ansätze. Einer geht davon aus, dass die begrenzte Informationsverarbeitungskapazität der Manager der Schlüssel zum Verständnis sei, ein zweiter sieht eher die internen Machtkämpfe als zentral an und ein dritter gibt dem Zufall eine wichtige Rolle[5]. Je nach Grundannahme werden dann die Untersuchungen unterschiedlich ausgestaltet.

Wer gut abschreibt, stellt solche Strukturen entweder selbst fest oder er findet einen Überblicksartikel, in dem genau die Zusammenstellung der Literatur zu einer bestimmten Frage das Thema ist.

Wenn Sie die Forschung mit einem Baum vergleichen, dann sind die Grundlagen die Wurzeln, ein Forschungsstrang ist der Stamm, der sich ab einem bestimmten Punkt teilen kann; Begriffe, Konzepte und Thesen sind die Blätter und Äste, und der «Stand der Forschung» entspricht den – vielleicht nicht immer ganz reifen – Früchten.

Literaturrecherche in drei Schritten
Wenn Sie den Stand der Literatur in Ihrer Arbeit darstellen sollen, dann gelingt das am Einfachsten in drei Schritten:

1. **Sammeln:** Damit ist gemeint, zusammenstellen, ordnen und darstellen, was Sie gefunden haben.
2. **Aufeinander beziehen:** Das bedeutet, dass Sie Gemeinsamkeiten und Unterschiede benennen und auf Zusammenhänge und Besonderheiten hinweisen.
3. **Integrieren:** Für die weitere Arbeit müssen Sie vermutlich mit einem einheitlichen Begriffsverständnis arbeiten. Sie bauen also aus dem Vorgefundenen ein möglichst zusammenhängendes Ganzes.

Eine hochwertige Recherche kann ganz schön aufwendig sein. Deshalb ist es wichtig, ein gutes Mass zu finden. Meist geben Bildungsinstitutionen in ihren Unterlagen Anhaltspunkte zum erwarteten Umfang. Manchmal kann es sinnvoll sein, sich auf den einen oder anderen Ansatz zu beschränken. Derartiges sollte dann natürlich mit der Betreuungsperson abgesprochen werden.

▶ Ohne gute Literaturrecherche schreiben Sie wahrscheinlich keine gute Arbeit.

▶ Bei der Literaturrecherche suchen Sie nach dem Stand der Forschung sowie nach den wichtigen Begriffen, Konzepten und Thesen.

15 Basiswissen über Ihre Bibliothek

Ich bin immer wieder erstaunt, wie unterschiedlich Studierende eine Führung in einer Bibliothek erleben. Die einen sind beeindruckt von einer pompösen Halle, andere können kaum fassen, dass da so viele Leute schweigen und arbeiten, wieder andere sind fasziniert, dass gewisse Abfragen auch von zu Hause aus im Internet möglich sind. Vom wirklich Wichtigen lernt man bei der Besichtigung einer Bibliothek leider meist nur die Hälfte. Deshalb sind hier die Fragen, auf die Sie eine Antwort verlangen müssen.

Fachwörterbücher
Eine Recherche beginnt in der Regel in einem Fachwörterbuch (siehe auch Seite 59). So finden Sie am schnellsten gute Begriffsdefinitionen und die verlässlichsten Hinweise, welche Bücher als Standardwerke unbedingt zu berücksichtigen sind. Es sind unterschiedliche Standorte möglich. Erkundigen Sie sich unbedingt nach dem Standort für Ihre Disziplin. Ersatzweise können Sie natürlich immer auch in der Wikipedia nachschlagen, aber trotz vieler sehr guter Beiträge dort gehen Sie damit ein Qualitätsrisiko ein. Mehr zu Wikipedia finden Sie auf Seite 70.

Bücher suchen
Bücher zu bestellen ist in der Regel einfach. Es gibt eine Suchoberfläche (wird meist aus historischen Gründen «Katalog» genannt) für Ihre Bibliothek, die auch im Internet erreichbar ist. Dort geben Sie irgendwelche Suchbegriffe ein und das System zeigt Ihnen, welche Bücher dazu vorhanden sind. Falls das Buch Ihrer Wahl im Freihandbereich ist, können Sie es selbst aus dem Büchergestell holen. Andernfalls können Sie es per Mausklick bestellen – vorausgesetzt, Sie haben einen Benutzerausweis mit Passwort. Nach einer vorgegebenen Zeit, vielleicht 30 Minuten, können Sie das bestellte Buch an der Theke abholen.

In der Regel gibt es Varianten dieses Vorgangs. Eine besteht darin, dass Sie von zu Hause aus bestellen und erst im Laufe der folgenden Stunden oder Tage das Buch abholen. Eine andere besteht darin, dass Sie sich das Buch nach Hause schicken lassen. Dieser Service ist natürlich kostenpflichtig und wird nicht überall angeboten. Er kann sich aber lohnen, wenn Sie berufsbegleitend studieren und daher Zeit der knappere Faktor ist als Geld. Eine andere Variante ergibt sich dann, wenn das Buch bereits ausgeliehen ist. Falls das System eine zu lange Wartefrist angibt, lohnt es es sich meist trotzdem, das Buch zu bestellen. Mit der Bestellung wird ein Rückruf ausgelöst und die angegebene Wartefrist kann sich massiv verkürzen. Wenn Ihr Buch nicht verfügbar ist, prüfen Sie Folgendes: Einige Bücher sind in der Bibliothek als E-Books vorhanden und können online gelesen oder als PDF heruntergeladen werden. Selbst Bücher, die in Ihrer Bibliothek nicht vorhanden sind, können Sie dort manchmal trotzdem beziehen. Das Stichwort heisst «Fernleihverkehr». Das Buch wird dann von einem anderen Standort zu Ihrer Bibliothek geliefert. Sie können es dort bequem abholen. Wenn es nur um ein paar Seiten geht, kann man sich manchmal auch Kopien zustellen lassen. Fragen Sie Ihr Bibliothekspersonal. Und beachten Sie, dass für diesen doch recht erstaunlichen Service eventuell Kosten anfallen.

Fachartikel

Wonach immer Sie suchen, Sie werden Ihre Suche wohl mit Google, oder noch besser mit Scholar-Google starten (mehr dazu im Kapitel 17). Insbesondere, wenn Sie einen ganz bestimmten Artikel finden wollen, ist das nicht nur bequem, sondern durchaus auch sinnvoll, denn mittlerweile sind sehr viele Fachartikel im Internet frei verfügbar.

Wenn Sie aber daran sind, sich den Stand der Forschung in einem Themengebiet zu erarbeiten, greift dieser Ansatz zu kurz, denn enorm viele Fachartikel sind im Internet nicht frei verfügbar. Das dürfte auch in absehbarer Zeit so bleiben, denn die wissenschaftliche Qualitätskontrolle ist sehr teuer, und die Herausgeber renommierter Zeitschriften müssen diese finanzieren. Das würde schlecht funktionieren, wenn man alles gratis haben könnte. Einzelne Institutionen und zunehmend auch Verbünde von Universitäten abonnieren Zugriffsrechte auf Datenbanken, in denen wissenschaftliche Fachartikel verzeichnet und teilweise sogar als Volltext hinterlegt sind. Diese Zugriffsrechte werden an die Mitarbeitenden und Studierenden weitergegeben, typischerweise durch ein Login und eine kleine Software für den eigenen Rechner (einen sogenannten «VPN-Client») oder durch die Möglichkeit der Benützung eines Rechners vor Ort.

Sobald Sie also Zugriff haben, müssen Sie herausfinden, welche Datenbanken für Sie von Interesse sind. Die Homepage Ihrer Bibliothek sollte Ihnen dabei behilflich sein, andernfalls surfen Sie auf www.swissuniversities.ch → Services → FH e-Ressourcen, und wählen Sie dort Ihr Fachgebiet aus. Sie können jedoch nicht erwarten, dass eine einzige Datenbank all Ihre Interessen abdeckt. Sobald Sie aber eine Handvoll Datenbanken ausprobiert haben, wissen Sie, welche zwei oder drei am ergiebigsten sind.

Die meisten Datenbanken bieten Ihnen Vollzugriff. Das bedeutet, dass Sie gefundene Artikel per Mausklick lesen können. Damit wären Sie bereits am Ziel. Andere Datenbanken bieten nur eine Kurzfassung und eine Referenz. Wenn Ihnen diese Kurzfassung nicht genügt, so finden Sie heraus, wo die Zeitschrift gesammelt wird. Dazu geben Sie den Zeitschriftentitel unter www.swissbib.ch ein. Wenn Sie einen älteren Artikel suchen, beachten Sie die Angaben dazu, bis wie weit zurück die Archivierung reicht. Danach können Sie diesen Artikel dort bestellen. Wenn Sie das zum ersten Mal machen, empfehle ich Ihnen, die Angaben dieses Fachartikels aus der Datenbank zu speichern (auf USB-Stick oder per E-Mail an sich selbst) und sich vom Personal Ihrer lokalen Bibliothek unterstützen zu lassen.

Bedeutung der Datenbanken

Wer eine Bibliotheksführung genossen hat, erinnert sich meist schwach: «Ja, da hat man uns irgendeinen Link zu den Datenbanken gezeigt. Den habe ich aber fast wieder vergessen, weil mir nicht klar war, dass der so wichtig ist.» Und meist wird dann nachgeschoben: «Ehrlich gesagt ist mir immer noch nicht klar, warum der wichtig sein soll. Hauptsache ist doch, dass ich jetzt weiss, wie ich Bücher bestellen kann.»

Die Sache ist die: Wenn eine Wissenschaftlerin eine Forschungsarbeit macht, dann wird sie ihre Resultate meist mit ihren Kollegen oder Doktoranden besprechen, später an einer Konferenz präsentieren und noch etwas später einer Fachzeitschrift zustellen. Die Redaktion möchte oft gerne noch einige Nachbesserungen, welche nicht selten recht aufwendig sind. Manchmal sind das genau die «Reviews», die Sie bereits im Abschnitt über den Methodendiskurs (Kapitel 3) kennengelernt haben. Ist die Redaktion endlich zufrieden, dann erscheint der Artikel in der nächsten Nummer, in der noch Platz frei ist. Das ist meistens erst die übernächste. Es vergeht also ganz schön Zeit, schätzungsweise ein bis drei Jahre, bis ein Forschungsresultat der Öffentlichkeit tatsächlich zugänglich ist. Dann wird der Artikel von vielen Forschern gelesen, es gibt vielleicht eine Reaktion darauf in einer folgenden Ausgabe und eine Reaktion auf die Reaktion. Wenn dann irgendein Autor ein Lehrbuch neu schreibt oder ein bestehendes überarbeitet, wird er die Quintessenz aus der Forschung (hoffentlich!) in sein Werk aufnehmen. Es dauert also weitere Jahre, bis dies in den Lehrbüchern tatsächlich nachzulesen ist.

So, und was heisst das jetzt für Sie? Wenn Sie sich nur an Lehrbücher halten, dann arbeiten Sie auf dem Wissensstand von vor rund zehn Jahren. Zudem kommen Sie nur zu Zusammenfassungen und selten zu den detaillierten Angaben über die einzelnen Forschungsprojekte. Für viele Randgebiete Ihrer Arbeit mag dies ausreichen, für den Kern Ihres Themas wäre das aber höchst unbefriedigend. Wenn Sie den Stand der Forschung kennen wollen, dann müssen Sie mit Hilfe der Datenbanken die Zeitschriften durchforsten!

Wie suche ich Literatur?

Standorte abklappern

Eine in der Praxis wichtige Frage ist die der Standorte der Bibliotheken. Die Fachbibliotheken sind meistens an ganz verschiedenen Orten untergebracht: Juristen, Ökonomen, Soziologen, Pädagogen und so weiter, sie alle haben Spezialbibliotheken. Die wirklich interessante Literatur finden Sie oft nur dort. Ich empfehle Ihnen, alle für Ihr Fachgebiet wichtigen Bibliotheksstandorte aufzusuchen – und zwar unbedingt, bevor die Zeit für Ihre schriftliche Arbeit zu laufen beginnt. Die Zeit von ein bis zwei Stunden ist gut investiert: Sie erhalten dafür Selbstsicherheit sowie Qualitätsgewinn und sparen Zeit bei der Literaturrecherche. Wenn Sie an einem solchen Standort sind, dann sollten Sie drei Dinge tun:

Erstens sollten Sie mit den Mitarbeitern sprechen. Am besten suchen Sie übungshalber irgendein Buch und lassen sich bei der Suche behilflich sein. Dabei erfahren Sie auf jeden Fall, ob die Spezialbibliothek an einem Bibliothekenverbund angeschlossen und somit leicht in Ihre Recherche einbeziehbar ist. Wenn Sie danach fragen, ob Sie ein bestimmtes Buch mitnehmen können, erfahren Sie zudem, ob es sich um eine Präsenzbibliothek handelt. Bei Präsenzbibliotheken kann man Bücher nicht mitnehmen. Sie müssen es vor Ort lesen oder Kopien anfertigen. Und das bringt uns zum nächsten Punkt.

Zweitens sollten Sie von Ihrem Buch eine beliebige Seite kopieren. Damit stellen Sie sicher, dass Sie die kleinen praktischen Hürden kennenlernen, die Ihnen sonst erst später begegnen werden, wenn Sie dann unter Zeitdruck sind. Nicht selten muss ein Betrag auf eine Karte geladen, ein versteckter Knopf gedrückt oder ein anderer Kniff angewandt werden, bevor das eigentlich Selbstverständliche wunschgemäss funktioniert. Wenn Sie gerade beim Kopieren sind, dann beherzigen Sie gleich die zwei goldenen Regeln des Kopierens:

1. Kopieren Sie in jedem Fall das Titelblatt und bei Büchern zusätzlich die Seite mit den Angaben über Verlag, Erscheinungsjahr usw. Das sind Angaben, die Sie für Ihr Literaturverzeichnis später benötigen und die Sie viel Mühe und Ärger kosten, wenn Sie das später nachholen müssen.

2. Kopieren Sie (bei den meisten Apparaten) von der letzten Seite an rückwärts. Damit ersparen Sie sich eine mühsame Sortiererei am Schluss.

Drittens sollten Sie die Öffnungszeiten notieren. Da die Bibliotheksstandorte meist nicht direkt nebeneinander liegen, sparen Sie dadurch Zeit und Ärger.

Ich kann natürlich nicht beweisen, dass sich der Aufwand wirklich lohnt. Immerhin hat eine Untersuchung ergeben, dass bei amerikanischen Studierenden ein Zusammenhang zwischen den Kenntnissen über die örtlichen Bibliotheken und dem Notendurchschnitt besteht[6]. Das scheint mir doch ein relativ deutlicher Fingerzeig zu sein.

Wie suche ich Literatur?

Fachwörterbücher	
Gebiet	**Beispiele**
Wirtschaft allgemein	• Penguin Dictionary of Economics
Volkswirtschaft	• Handwörterbuch der Wirtschaftswissenschaft • Handwörterbuch der Finanzwissenschaft • New Palgrave Dictionary of Economics
Sozialwissenschaften	• Handwörterbuch der Sozialwissenschaften
Betriebswirtschaft	• Handwörterbuch der Betriebswirtschaft • Handwörterbuch Auditing und Controlling • Vahlens Grosses Personallexikon • Vahlens Grosses Marketinglexikon • Oxford Dictionary of Business and Management • International Encyclopaedia of Business and Management
Psychologie	• Handwörterbuch Psychologie • Der Brockhaus Psychologie
Soziologie	• Wörterbuch der Soziologie
Politologie	• Der Brockhaus Politik

Recherchenprozesse, die Sie beherrschen müssen	
Was?	**Wo?**
Im Fachwörterbuch nachschlagen	• Lokale Bibliothek
Bücher suchen und beschaffen	• Lokales Bibliothekssystem • www.nebis.ch • www.ethbib.ethz.ch • aleph.unibas.ch
Zeitschriftenartikel suchen	• Datenbanken – an einem Computer Ihrer Institution • Datenbanken – von zu Hause aus via VPN Verbindung (falls möglich) • Datenbanken – im Internet (siehe Kapitel 17)
Zeitschriftenartikel beschaffen	• Lokales Bibliothekssystem • Online verfügbare Zeitschriften

Wie suche ich Literatur?

Nützliche Links	
Frage	**Link**
Mit welcher Datenbank soll ich starten?	Lokale Bibliothek www.swissuniversities.ch
Gibt es ein bestimmtes Buch auch in einer anderen Bibliothek?	www.swissbib.ch; www.chvk.ch (mit ISSN- oder ISBN-Nummer geht es am besten)
Ist eine bestimmte Fachzeitschrift auch in einer anderen Bibliothek in der Schweiz verfügbar?	www.swiss-serials.ch (mit ISSN- oder ISBN-Nummer geht es am besten)
Welche Bibliotheken gibt es in der Schweiz?	www.ichschweiz.ch
Welche Schweizer Hochschule hat auf welche Datenbanken Zugriff?	lib.consortium.ch
Wie kann ich in mehreren Bibliotheken gleichzeitig suchen?	www.swissbib.ch; www.informationsverbund.ch

▶ Erkennen Sie Bibliothekskenntnisse als einen Erfolgsfaktor.

▶ Lernen Sie, wie Sie in der Bibliothek und im Internet Bücher bestellen können.

▶ Finden Sie heraus, wie Sie Fachartikel in den für Sie wichtigen Zeitschriften suchen können (Datenbanken).

▶ Sprechen Sie die Bibliotheksmitarbeiter auf technische Fragen an.

▶ Nehmen Sie die Bedingungen vor Ort bewusst wahr (Standorte, Öffnungszeiten, Kopierapparate etc.).

16 Recherche in der Bibliothek

Mit dem Basiswissen über die Bibliothek aus dem vorangehenden Kapitel sind Sie etwa so gut ausgerüstet wie ein Bergsteiger, der zwar in voller Montur, aber ohne Klettererfahrung vor einem unbekannten, anspruchsvollen Berg steht: Die technische Ausrüstung ist da, aber was Sie damit anfangen, ist noch offen. Ihr Vorteil: Spontan loszulegen ist für Sie bedeutend ungefährlicher als für ihn. Und vielleicht starten Sie deshalb auch sofort. Ihre Standortbestimmung machen Sie mit dem Griff zum Fachwörterbuch, und dann geben Sie fröhlich Begriffe in die Suchmasken der Datenbanken und Bibliothekskataloge ein. Erst mit der Zeit dämmert es Ihnen, welchen gravierenden Nachteil Sie gegenüber dem Bergsteiger haben: Sie werden nicht wissen, ob Sie am Ziel sind!

Wenn Sie nichts finden, dann wissen Sie nicht, ob es einfach nichts gibt oder ob Sie falsch gesucht haben. Wenn Sie etwas finden, wissen Sie nicht, ob es noch viel mehr und Besseres gäbe.

Was kann Ihnen da helfen? Sie benötigen den Überblick über die vorhandenen Suchinstrumente. Nur wenn Sie die Suchinstrumente professionell einsetzen, dann können Sie genügend sicher sein, dass Ihr Rechercheresultat verlässlich ist.

Die hier vorgestellten Instrumente sind zwar in grundsätzlich allen Suchmasken mehr oder weniger vorhanden, sie sind aber unterschiedlich benannt, ausgestaltet und versteckt. Suchen Sie daher unbedingt in der Hilfefunktion nach den genauen Angaben zur betreffenden Suchoberfläche.

Das müssen Sie über Ihre Datenbank wissen
Advanced Search
Operatoren
Deskriptoren
Search History

Advanced Search

Wahrscheinlich wissen Sie bereits, dass es in praktisch jeder Suchmaske einen Knopf «Advanded Search» oder «Profisuche» oder so ähnlich gibt. Klicken Sie da drauf. Lassen Sie sich nicht durch die vielen Suchfelder verwirren, sondern nehmen Sie sich Zeit, sie zu studieren. Mit Hilfe dieser Felder können Sie viel gezielter suchen. Zum Beispiel können Sie dem System dank dieser Felder erklären, ob Sie einen Begriff im Titel des Artikels suchen oder im Titel der Fachzeitschrift, in der er erschienen ist. Wenn Sie nicht klarkommen, fragen Sie jemanden.

Operatoren

Etwas weniger bekannt sind die Operatoren. Sie sind trotz ihrem etwas seltsamen Namen nichts Kompliziertes. Es sind einfach Instrumente, mit denen Sie Ihre Suche ausweiten, aber vor allem auch fokussieren können. Sie können im Suchfeld also je nach Situation «Rechnungswesen OR Accounting» eingeben, oder «Unternehm$» oder «Management NEAR Motivaton». Ich denke, die nebenstehende Tabelle ist selbsterklärend. Beachten Sie vor allem die rechte Spalte, die Ihnen sagt, wozu Sie diese Operatoren einsetzen können.

Übrigens, Suchbegriffe wie «ist», «hat» oder «ein» werden nicht verarbeitet, weil sie viel zu häufig vorkommen. Das würde die Suchfunktion nur unnötig belasten. Eine Suchanfrage mit solchen Begriffen muss also aus Effizienzgründen gestoppt werden. Man nennt diese Suchbegriffe daher «Stoppwörter».

Wie suche ich Literatur?

Operatoren			
Arten	**Operator**	**Wirkung Einsatzzweck**	**Beispiel**
Bool'sch	OR	Synonyme Begriffe	Rechnungswesen OR Accounting
	AND	Schnittmenge zweier Themen	Beförderungssystem AND Versicherung
	NOT	Ausschluss eines Themas	Projektmanagement NOT Psychologie
Vergleich	>	Nur aktuelle Artikel finden	Erscheinungsjahr > 2015
	=	Bestimmte Artikel suchen	Erscheinungsjahr = 2003
	<	Alte Artikel finden	Erscheinungsjahr < 1980
Nachbarschaft	WITH	Zwei Begriffe im gleichen Feld	Management WITH Motivation
	NEAR	Zwei Begriffe im gleichen Satz	Management NEAR Motivation
	ADJ	Zwei Begriffe aneinander angrenzend	Management ADJ Motivation
Platzhalter	*, $, ?	Verschiedene Endungen zulassen	Manag$ Unternehm$
		Verschiedene Schreibweisen zulassen (besonders amerikanische und britische)	organi*ation pri*e

63

Deskriptoren

Worum es in einem Fachzeitschriftenartikel geht, ist in der Regel aus dem Titel ersichtlich. Trotzdem ist es nicht einfach, alle Artikel zu einem Thema nur aufgrund des Titels zu finden, weil es unterschiedliche Begriffe für den gleichen Sachverhalt und Begriffshierachien gibt. Wer sich für Telearbeit interessiert, wird relevante Fachartikel finden, die so unterschiedliche Ausdrücke im Titel tragen wie «Telework», «Groupware», «online Collaboration» oder «Working at home». Wie soll man alle diese Artikel finden, ohne diese verschiedenen Begriffe schon im Voraus zu kennen? – Zum Glück werden die Artikel von Fachleuten gelesen und «beschlagwortet». Das heisst, es wird in Bezug auf ein fixes Repertoire von Fachbegriffen entschieden, zu welchen Themen ein Artikel etwas beiträgt. Die betreffenden Fachbegriffe, man nennt sie übrigens auch «Schlagwörter» oder «Deskriptoren», werden dem Artikel zugewiesen und in einem separaten Feld vermerkt. Sie können also im Schlagwortfeld einen Begriff eingeben und finden sofort alle Artikel, die entsprechend beschlagwortet worden sind. Vorher sollten Sie nur noch in diesem «fixes Repertoire von Fachbegriffen» nachschauen, welches denn der treffende Begriff für Ihre Fragestellung ist. Diese Funktion ist meist mit «Schlagwortkatalog» oder «Thesaurus» gekennzeichnet. Oft ist sie etwas versteckt. Wenn Sie sie nicht auf Anhieb finden, dann schlagen Sie in der Hilfefunktion nach. Oder Sie beachten einfach, welche Deskriptoren das System für die von Ihnen gefundenen Artikel anzeigt. Oft sind diese «anklickbar» und Sie kommen so direkt zum Thesaurus. Auf jeden Fall ergeben sich so Hinweise auf geeignete Suchbegriffe.

Search History

Mit der Funktion «Search History» zeigt Ihnen das System, mit welchen Suchbefehlen Sie wie viele Treffer gelandet haben. Das ist wichtig, um zu analysieren, welche Auswirkung eine Veränderung der Suchanfrage auf die Gesamttrefferzahl hat. Über die Qualität ist damit natürlich nichts ausgesagt.

Beachten Sie, dass Sie die Search History manchmal speichern können. Halten Sie immer ein geeignetes Speichermedium bereit (bzw. einen Memorystick). Andernfalls können Sie versuchen, sich die Search History an eine eigene Adresse zu mailen. Machen Sie von der Speichermöglichkeit immer dann Gebrauch, wenn Sie die Suche unterbrechen. Ich empfehle Ihnen, sie ebenfalls dann zu verwenden, wenn Sie die Suche beenden. Oft will man nämlich später doch noch etwas suchen und ist um die Search History der vielleicht schon einige Tage zurückliegenden Suche sehr froh.

Neben all diesem systematischen Vorgehen empfehle ich Ihnen, einfach mal so herumzustöbern. Mindestens eine Viertelstunde sollten Sie dafür verwenden, die Bücherrücken zu studieren sowie die Anschläge und Informationsmaterialien zu sichten. Dabei machen Sie oft interessante Entdeckungen. Zudem ist es vermutlich die einzige Möglichkeit herauszufinden, was Sie mit Ihrer Art zu recherchieren nicht gefunden haben. Dies ist eine wertvolle Rückmeldung, um Ihre Suchstrategie zu verbessern.

Im Übrigen lohnt es sich auch, mit Kollegen über Fragen der Literatursuche zu diskutieren. Wichtige Tipps habe ich nie gelesen oder im Unterricht gehört, sondern durch Ausprobieren, Nachfragen und durch Austauschen mit Kollegen erfahren.

So, wenn Sie diese Instrumente vernünftig einsetzen, dann können Sie sagen, dass Sie eine richtige Literatursuche gemacht haben. Und dann wissen Sie auch mit vernünftiger Sicherheit, dass Sie alles, was relevant und verfügbar ist, gefunden haben: Sie sind am Ziel! – Und vielleicht waren Sie erst noch schneller als der Bergsteiger.

▶ Sie müssen die Suchoberfläche einer Datenbank oder eines Bibliothekskatalogs erst genauer kennenlernen, bevor Sie wirklich wirkungsvoll arbeiten können.

▶ Vier Funktionsbereiche, die Sie kennen müssen, sind Advanced Search, Operatoren, Deskriptoren und Search History.

▶ Nur wenn Sie alle Instrumente dieser Funktionsbereiche gezielt einsetzen, können Sie sich der Qualität Ihrer Rechercheresultate in vernünftigem Mass sicher sein.

▶ Das unsystematische «Stöbern» ist als ergänzende Strategie zu empfehlen.

▶ Bleiben Sie neugierig. Man hat in Sachen Recherche nie ausgelernt.

Beachten Sie die Checkliste «Bibliothek» im Anhang und im Bookshelf.

17 Recherche im Internet

Ist ein Leben ohne Internet noch vorstellbar? Google, Facebook, YouTube, Twitter – und wie sie alle heissen – sind fester Bestandteil unserer Kultur geworden. Der Duden etwa führt den Begriff «googeln» als Synonym für recherchieren mit Google. Man möchte denken, dass Jugendliche, die mit Online-Medien aufgewachsen sind, fit sind im Umgang mit dem Internet. – Falsch gedacht! Tatsächlich haben sie kaum Hemmungen, das Internet zur Beantwortung von Fragen und für soziale Zwecke zu nutzen, aber von Medienkompetenz kann nicht die Rede sein.

Alles Google oder was?
Eine Studie ergab, dass Jugendliche auf Websites hereinfallen, die falsche oder einseitige Informationen darbieten, sobald sie nur etwas seriös aussehen und mit aufwendigen Info-Grafiken aufwarten. Sie hielten beispielsweise die Information für glaubwürdig, dass es zwischen Homosexualität und Pädophilie enge Zusammenhänge gäbe. Diese Information war leicht zu finden, und zwar auf der Website einer Organisation von Homosexuellen-Hassern. So viel Leichtgläubigkeit würde man wohl nur Jugendlichen aus bildungsfernen Milieus zuschreiben, tatsächlich waren es aber Studierende an einer angesehenen Universität. Eine weitere Studie ergab, dass oft nur die Resultate der ersten Bildschirmseite wahrgenommen werden, also nicht einmal bis ans Ende der Seite gescrollt wird und dass die Suchanfragen selten neu formuliert werden, nachdem man die ersten Suchresultate gesichtet hat. Das ist ernüchternd. Das Gute daran ist: Es ist leicht, es besser zu machen und sich von der Masse abzuheben. Wenn Sie diese zehn Tipps beherzigen, sind Sie schon fast ein Suchprofi:

1. **Wenn Sie auf die Website einer Organisation gelangen, die Sie nicht kennen, verlassen Sie sie sofort.**
   Das können Sie als übertrieben ängstliche Reaktion ansehen, ist aber absolut angemessen: Vertrauenswürdige Informationen sind nur einen Mausklick entfernt. Die knappe Ressource ist Ihre Aufmerksamkeit: Verschwenden Sie nicht Ihre Zeit mit schlechter Informationsqualität. Grundsätzlich nicht – und schon gar nicht, wenn Sie eine wissenschaftliche Arbeit schreiben sollen.

2. **Wenn Sie die Information auf einer unbekannten Website trotzdem interessiert, googeln Sie zuerst die Organisation.**
   Sind Sie auf einer Seite von Kapitalismus-Gegnern, von Schwulenhassern oder der Atomkraft-Lobby? Die investierte Zeit, das herauszufinden, lohnt sich allemal, weil Sie danach wissen, woran Sie sind. Übrigens: Dem bereitgestellten Link «Über» respektive «About» können Sie natürlich *nicht* vertrauen. Eine «Whois-Abfrage» (Whois kommt vom englischen «who is» – deutsch «wer ist …» – und wird folglich «huuis» ausgesprochen) sagt Ihnen, wem eine bestimmte Website gehört. Das geht ganz einfach: «whois» googeln, einen Whois-Dienst auswählen und die Internet-Adresse eingeben.

3. **Durchkämmen Sie die Google-Suchresultate nach hoher Qualität, damit Sie schon gar nicht auf Informationen dubioser Herkunft stossen. Verwenden Sie dazu die Suchresultate der weiteren Seiten.**
   Verlassen Sie sich nicht darauf, dass Google Ihnen «hochwertige» Resultate liefert. Google liefert Ihnen nur mutmasslich «relevante» Resultate, also auch Lügen zu Ihrem Thema. Durchkämmen Sie die Suchresultate vor allem nach den Quellen, die Sie kennen, wie etwa NZZ, Frankfurter Allgemeine oder New York Times. Wer es richtig macht, dem reicht nicht, was auf der ersten Bildschirmseite sichtbar ist. Man sollte hemmungslos weiter nach unten scrollen und sich auch die zweite oder dritte Seite der Suchresultate anschauen. Diese Seiten sind mit einem Klick auf «Weiter» am unteren Rand der Seite zugänglich.

4. **Prüfen und variieren Sie Ihre Suchbegriffe.**
   Die Suchbegriffe, die Sie verwenden, beeinflussen naturgemäss stark, was Sie finden. Wenn Sie sicher sein möchten, ob im Gefängnis von Guantanamo wirklich nur ganz böse Jungs eingesperrt sind, würden Sie wohl nicht einfach «Guantanamo böse Jungs» eingeben und eine neutrale Antwort erwarten. Sie würden vielleicht schon auch «Guantanamo unschuldig» googeln. Das scheint banal. In Ihrem Fall ist die Sache vermutlich etwas subtiler, das Prinzip ist aber immer dasselbe. Daher lohnt es sich, darüber nachzudenken und verschieden formulierte Suchanfragen zu machen.

5. Durchsuchen Sie gezielt bestimmte Websites.

Aus der Luft gegriffene Anschuldigungen und Konspirationstheorien verbreiten sich rasch im Internet. Eine gute Gegendarstellung ist im Gegensatz dazu meist schwer zu finden. Durchsuchen Sie gezielt Websites von Organisationen, die in diesem Sinne etwas publiziert haben könnten. Nutzen Sie dazu den Google-Befehl «site:» (s. Tabelle Seite 69).

6. Verwenden Sie Scholar-Google.

Unter «scholar.google.com» liefert Ihnen Google nur Suchresultate, die ein Algorithmus für wissenschaftlich hält. Das geht zwar mitunter auch schief oder führt zu kommerziell motivierten Seiten (wo Sie dann eingeladen werden, beispielsweise Bücher zu kaufen); es funktioniert aber insgesamt ganz gut. Wesentlich besser jedenfalls, als nur Google zu verwenden. – Noch besser ist es natürlich, Sie stöbern gleich in einer wissenschaftlichen Datenbank (siehe S. 57).

7. Nutzen Sie technische Hilfen und Websites, um sich vor gefälschten Nachrichten und Bildern zu schützen.

Fake-News und Fake-Bilder sind ein wachsendes Problem. Laufend entstehen aber neue Möglichkeiten, um sich zu schützen. Die wichtigsten befinden sich in der untenstehenden Tabelle. Weil sich das Internet rasch verändert, können Sie aber durchaus auch mal «sich vor Fake-News schützen» googeln.

8. Nutzen Sie die Google-Befehle.

Um – wie oben empfohlen – bestimmte Websites zu durchsuchen oder weitere Überlegungen in eine gezielte Suche umzumünzen, müssen Sie die Google-Befehle aus der Tabelle Seite 69 kennen und einsetzen.

Tools zur Fakten- und Bilderprüfung	
Inhaltsprüfung im Browser	Installieren Sie Browsererweiterungen (Addon) wie «Thisisfake», «FiB – Stop living a lie» oder «B.S. Detector».
Fact Check Sites	Prüfen Sie eine Quelle auf der Homepage von «Media Bias/Fact Check», «Factcheck.org» oder «snopes.com».
News googlen	Googeln Sie bei Newsmeldungen die wichtigsten Stichwörter der Meldung. Bei seriösen Meldungen werden Sie auf viele gleich lautende Meldungen stossen, insbesondere sind sie auch bei news.google.com zu finden.
Bilderprüfung	Öffnen Sie ein neues Browserfenster und surfen Sie zu «images.google.com». Gehen Sie zum alten Browserfenster, packen Sie dort das fragliche Bild mit der Maus und ziehen Sie es in das neue Fenster auf das Eingabefeld. Eine Alternative zu diesem Verfahren ist die Browsererweiterung (Addon) «TinEye».

Wie suche ich Literatur?

Die wichtigsten Suchbefehle bei Google			
Idee	Google-Befehl	Anwendungsbeispiel	Eingabebeispiel
mehrere Wörter gleichzeitig	+XXX +YYY	Sie wollen nur Seiten, auf denen sowohl der Begriff Hunziker als auch der Begriff SKV erwähnt sind. Seiten, die nur entweder den einen oder den anderen Begriff aufweisen, sollen nicht angezeigt werden.	+hunziker +skv
Wörter genau in dieser Reihenfolge	"XXX YYY"	Sie suchen etwas über «Managing Motivation». Seiten, auf denen an einer Stelle «Managing» und an einer anderen «Motivation» steht, sollen nicht angezeigt werden.	"Managing Motivation"
Wörter ausschliessen	+XXX -YYY	Sie suchen etwas über Madonna, aber Sie meinen nicht die Sängerin, sondern den ursprünglichen Begriff	+madonna -pop
Wort in einer Webadresse	inurl:XXX	Sie wollen nur Webseiten von Universitäten anzeigen. (Zu kombinieren mit «+» und einem weiteren Suchbegriff)	inurl:uni
In einer bestimmten Domain suchen	site:XXX	Sie wollen wissen, welche Informationen die Universität Bern zu einem bestimmten Thema ins Internet gestellt hat. (Zu kombinieren mit «+» und einem weiteren Suchbegriff)	site:unibe.ch

9. **Nutzen Sie DOAJ und OASPA, wenn Sie eine Zeitschrift nicht kennen.**
Immer mehr Fachjournale werden im Internet frei zur Verfügung gestellt. Das ist an sich toll, zieht aber auch Missbrauch an: Es gibt heute zahlreiche Pseudo-Zeitschriften. Dubiose Redaktionen verlangen hohe Summen für die wissenschaftliche Prüfung von eingereichten Artikeln, lassen diese aber gar nicht durchführen, sondern streichen das Geld ein und publizieren die Artikel unbesehen. Optisch und formal sind diese Fälschungen perfekt, selbst eine Fachperson kann sie nicht ohne Weiteres durchschauen. Hier helfen das Verzeichnis seriöser Online-Fachzeitschriften DOAJ und der Verein von Verlegern offen zugänglicher Fachjournale OASPA. Beides finden Sie bequem im Internet. Online-Zeitschriften, die im DOAJ aufgeführt sind oder deren Verleger Mitglied der OASPA sind, dürfen Sie als seriös betrachten. Die anderen nicht.

10. **Nutzen Sie Internet-Tools zum Aufdecken von Fake-News.**
Schon immer sind Tatsachen zu politischen Zwecken verdreht worden. Neu ist, dass Politiker das vermehrt offen tun und dass sich Falschmeldungen in einem Riesentempo verbreiten, während das Ausarbeiten einer seriösen Gegendarstellung nach wie vor viel Zeit braucht. Zum Glück hält das Internet auch Instrumente bereit, damit man nicht auf gefälschte Nachrichten hereinfällt. Um zu erkennen, ob etwas nachgeprüft werden sollte, gebrauchen Sie Ihre Allgemeinbildung und Ihren gesunden Menschenverstand. Um zu wissen, wie Sie es prüfen sollen, hilft die Tabelle auf Seite 68.

Wikipedia und die gebotene Vorsicht
Weder das Internet noch deren Suchmaschinen sind speziell für wissenschaftliche Zwecke ausgelegt. Weil heute fast jeder die Möglichkeit hat, Inhalte ins Netz zu stellen, ist es kaum möglich, die Qualität der dargebotenen Informationen zu prüfen. Gefärbte und einseitige Darstellungen sind an der Tagesordnung, bei den meisten Blogs sind sie sogar Programm. Leider ist auch die Wikipedia (als offene Enzyklopädie) davon betroffen, etwa in Form von geschönten Artikeln über Firmen, welche durch deren Mitarbeitende manipuliert wurden. Die Wikipedia darf daher heute nicht als wissenschaftliche Quelle betrachtet werden. Auch nicht, wenn die Herausgeber sich um die Aufdeckung und Verhinderung solcher Fälle bemühen, und auch nicht, wenn zunehmend viele Wissenschaftler darin nachschlagen. Man kann sich eben nicht auf die Qualität verlassen, und Sie erinnern sich, es geht in der Wissenschaft um «gesicherte Erkenntnis» (Kapitel 1 bis 6). Deshalb darf die Wikipedia wohl als Anregung konsultiert, aber nicht als wissenschaftliche Quelle zitiert werden. – Wenn Sie es trotzdem tun, besteht die Gefahr, dass Sie Ihre Arbeit abwerten, indem Sie sich auf unsichere Quellen berufen.

Qualität im Internet
Wie finden Sie also die wirklich spannenden Sites? – Das Internet entwickelt sich rasant und ich muss zugeben, ich kenne die ultimative Antwort auf diese Frage auch nicht. Immerhin kann ich Ihnen ein paar Beispiele geben.

Wie suche ich Literatur?

Nützliche Links	
Allgemeine Informationen	
Enzyklopädie – englisch	www.oxfordreference.com
Offene Enzyklopädie – deutsch	de.wikipedia.org
Schweizerische Nationalbibliothek: Alles über die Schweiz	www.nb.admin.ch
Wissenschaftliche Suche	
Suchmaschinen, die sich auf wissenschaftliche Publikationen beschränken	scholar.google.ch www.scirus.com www.base-search.net academic.microsoft.com
Verzeichnis digitaler Ressourcen – englisch	www.worldcat.org
Virtuelle Fachbibliothek Wirtschaftswissenschaften	www.econbiz.de
Verzeichnis von Fachzeitschriften mit freiem Zugriff – englisch	doaj.org
Verein von Verlegern offen zugänglicher Fachjournale OASPA	oaspa.org
Elektronische Dissertationen	www.dissertationen.uzh.ch
Für eine breite Übersicht	www.wissenschaftliche-suchmaschinen.de
Working Papers grosser Institutionen	www.oecd-ilibrary.org www.nber.org www.wto.org
Statistiken	
Offizielle Statistiken Schweiz	www.bfs.admin.ch
Offizielle Statistiken Deutschland	www.destatis.de
Offizielle Statistiken Österreich	www.statistik.at
Offizielle Statistiken Europa	ec.europa.eu/eurostat
Offizielle Statistiken OECD	data.oecd.org
Statistische Daten USA (und mehr …)	www.nber.org
Offizielle Statistiken WTO	www.wto.org/english/res_e/statis_e/statis_e.htm
Basisinformationen zu allen Ländern der Welt (von CIA)	https://www.cia.gov/library/publications/the-world-factbook

Rechtliche Grundlagen	
Verfassung Deutschlands, der Schweiz, Österreichs, der EU und anderer Länder	www.verfassungen.de
Systematische Sammlung des Bundesrechts	www.admin.ch/ch/d/sr/sr.html
Bundesgerichtsentscheide	www.bger.ch
Kantonale Gesetzgebungen online	www.lexfind.ch
Diverses	
Kopien von Zeitschriftenaufsätzen bestellen	www.subito-doc.de
Suchmaschine für internationale Presseartikel	www.paperball.de
Wenn Sie einen Link kennen, der in der nächsten Auflage unbedingt hier stehen sollte, senden Sie mir eine E-Mail.	feedback@verlagskv.ch
Weil das Internet sehr dynamisch ist, entstehen immer wieder spannende neue Dinge. Googeln Sie folgende Begriffe:	Wissenschaftliche Suchmaschine scientific search engine google suchtipps

Die Links stehen Ihnen im Bookshelf auch als PDF zur Verfügung.

Wenn Sie diesen Links nachgehen und etwas Fantasie in Bezug auf Ihr Thema walten lassen, dann können Sie etwa abschätzen, was im Internet für Ihre Arbeit möglich ist. Achten Sie in jedem Fall darauf, dass jeweils eine vertrauenswürdige, nicht-virtuelle Organisation hinter der Quelle steht, welche für deren Qualität bürgt. (Für die Einträge in der Wikipedia trifft dies nicht zu.) Dies erreichen Sie besonders gezielt, wenn Sie Stichworte wie Bibliografie, Literaturverzeichnis oder Universität einbeziehen.

  Ein wichtiger Nutzen des Internets ist – trotz allen interessanten Links – der Zugriff auf Bibliotheken von zu Hause oder von Ihrer Schule aus. Damit können Sie sehr viel Zeit sparen. Wer in die Bibliothek fährt, um dort die Bücher zu bestellen, muss anschliessend rund eine halbe Stunde warten, bis die Bücher zum Abholen bereit sind. Bestellen Sie die Bücher also besser online und holen Sie diese später ohne Wartezeit ab.

  Ein Nachteil des Fernzugriffs ist, dass Sie in Ihrem Katalog Bücher finden, die nur an weit entfernten Standorten einzusehen sind. Schränken Sie Ihre Suche daher auf die Standorte ein, die für Sie gut erreichbar sind.

- Nutzen Sie das Internet sehr selektiv und gezielt, insbesondere scholar.google.com
- Setzen Sie die sechs vorgestellten Google-Befehle ein.
- Zitieren Sie nur aus dem Internet, wenn keine andere, verlässlichere Quelle vorliegt oder wenn die Quelle als verlässlich eingestuft werden darf.
- Betrachten Sie die Wikipedia grundsätzlich als nicht wissenschaftliche Quelle.
- Nutzen Sie den Zugriff auf Ihre Bibliothek über das Internet.

Beachten Sie die Checkliste «Quellenkritik Internet» im Anhang und im Bookshelf.

V Methoden der Sozialwissenschaften

Der Umgang mit Methoden ist der Kernpunkt der Wissenschaft und von studentischen Arbeiten.
Grund genug, sich damit etwas auseinanderzusetzen.

Darum geht es in diesem Kapitel:

▶ Sie kennen die grundsätzlichen Ansprüche an eine Methode.
▶ Sie kennen die Bedeutung der Argumentation für Ihre Arbeit.
▶ Sie haben einen Überblick über die wichtigsten Methoden: Fragebogen, Interview, Fallstudie, Experiment und Datenanalyse.

Tipp: Falls Sie am liebsten mit einem Überblick einsteigen, können Sie sich den letzten Abschnitt zuerst vornehmen – er beinhaltet eine Zusammenfassung.

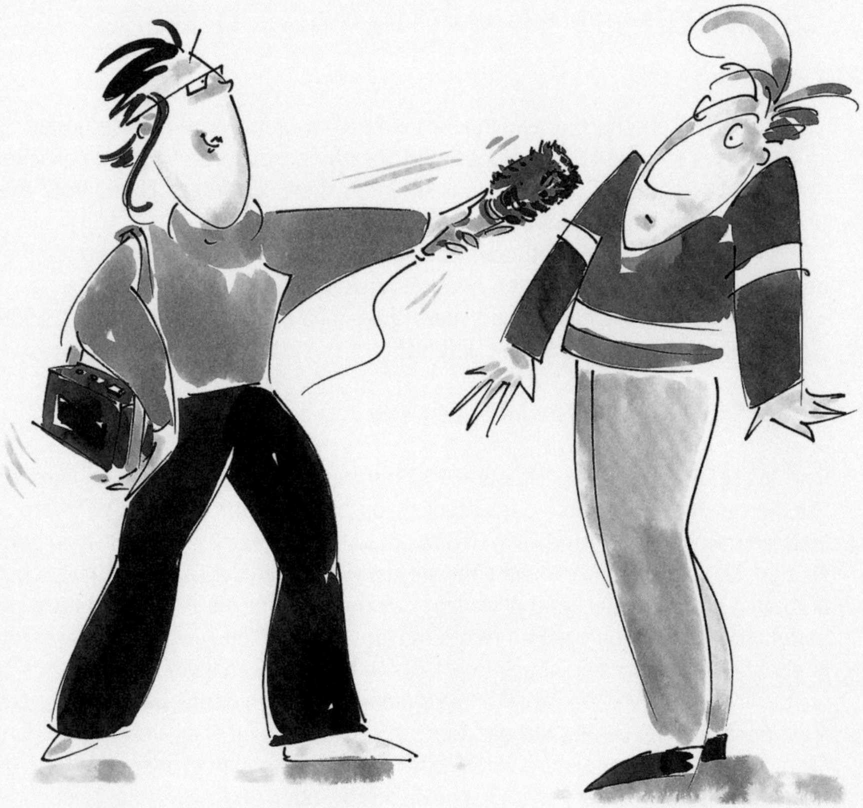

18 Wann ist eine Methode gut?

Jede wissenschaftliche Fachrichtung entwickelt ihre eigenen Methoden. Es ist klar, dass Kernphysiker, Geologen und Sozialwissenschaftler nicht die gleichen Instrumente benötigen, um das, was sie interessiert, zu untersuchen. Trotz aller Unterschiedlichkeit gilt aber in jedem Fall:

Wissenschaftliche Methoden müssen zuverlässig und unabhängig von den beteiligten Personen das messen, was sie messen sollen.

Das klingt so einleuchtend, dass man meinen könnte, es gäbe darüber nichts mehr zu sagen. Doch weit gefehlt!

Kennen Sie die Geschichte vom klugen Hans?

Eine Welle der Euphorie erfasste 1904 die wissenschaftlichen Kreise Europas. Nüchterne Wissenschafter der unterschiedlichsten Fachrichtungen pilgerten in Scharen nach einem Hinterhof in Berlin, um sich von der Sensation selbst zu überzeugen: Der kluge Hans, ein achtjähriger Hengst, war in der Lage, typische Schulaufgaben zu lösen. Bei mathematischen Fragen gab er die Antwort mittels der korrekten Anzahl Klopfzeichen mit dem Huf. Bei verbalen Aufgaben antwortete er ebenfalls mit Klopfzeichen: Einmal klopfen für A, zweimal klopfen für B und so weiter. Diese erstaunliche Fähigkeit zeigte das Pferd auch dann, wenn der Besitzer – ein pensionierter Lehrer, der das Tier trainiert hatte – nicht anwesend war. Eine Sachverständigenkommission von dreizehn hervorragenden Wissenschaftlern attestierte in einem Gutachten, dass absichtliche oder unabsichtliche Zeichengebung von einem Menschen an das Tier auszuschliessen sei. Die Intelligenz des klugen Hans galt damit als wissenschaftlich erwiesen.

Drei Monate später entdeckte ein Mitarbeiter eines Professors, der sich weiter mit dem Tier beschäftigt hatte, Folgendes: Das Pferd war ausserstande, die richtige Antwort zu geben, wenn niemand der Anwesenden die richtige Antwort kannte oder wenn das Pferd – wegen angelegter Scheuklappen – die Anwesenden nicht sehen konnte. Offenbar hatte das Tier bei seinem Lehrer «nur» gelernt, aus den feinsten nonverbalen Signalen der Anwesenden herauslesen, wann es mit Klopfen aufhören soll.[7]

Um diesen Fall zu analysieren, rufen wir uns den Satz vom Anfang dieses Kapitels in Erinnerung: Wissenschaftliche Methoden müssen zuverlässig und unabhängig von den beteiligten Personen das messen, was sie messen sollen. Darin verstecken sich drei Kriterien:

1. Gültigkeit oder Validität:
Eine Methode sollte das messen, was sie messen soll. Ein Metermass misst beispielsweise die räumliche Ausdehnung von Gegenständen und nicht etwa deren Gewicht oder etwas anderes.

2. Verlässlichkeit oder Reliabilität:
Die Methode sollte das, was sie misst, genau und zuverlässig messen. Wenn ich die Breite meines Tisches dreimal messe, dann sollte jedes Mal die gleiche Länge herauskommen.

3. Personenunabhängigkeit oder Objektivität:
Die Methode sollte unabhängig von den beteiligten Personen messen. Wenn ich einen Meter messe, dann sollte dieser Meter gleich lang sein, wie wenn Sie ihn messen.

Was war nun der Fehler im Fall vom klugen Hans? Die Wissenschaftler haben sich damals dafür entschieden, dass es die Personenunabhängigkeit war: Das Testresultat, dass das Pferd rechnen kann, ist durch die anwesenden Personen in höchstem Mass beeinflusst worden. Diese Interpretation des Experiments ist zwar nicht ganz verkehrt, aber es gibt noch eine andere. Heutige Wissenschaftler sehen den Fehler bei der Gültigkeit: Der Test hat nicht das gemessen, was er hätte messen sollen, nämlich die mathematischen Fähigkeiten eines Pferdes. Sondern er hat die Fähigkeit eines Tiers gemessen, auf unbewusst ausgesendete Signale von anwesenden Menschen systematisch zu reagieren. Was als eine einzige Blamage endete, hätte eigentlich als sensationelle Entdeckung in der Kommunikationsforschung gefeiert werden können!

Die Geschichte vom klugen Hans illustriert, dass die Unterscheidung von Gültigkeit, Verlässlichkeit und Personenunabhängigkeit nicht immer ganz einfach ist. Damit Sie diese Unterscheidung klar treffen können, erzähle ich Ihnen noch zwei Beispiele, bei denen Messmethoden den wissenschaftlichen Kriterien nicht entsprechen:

Fritz ist ein noch gut aussehender, lebensfroher Mann, der sein arbeitsfreies Leben nach der Pensionierung geniesst. Wie es so ist im Alter, geht auch er regelmässig zum Arzt – zu einer hübschen, fünfunddreissigjährigen Ärztin, um etwas genauer zu sein. Bei einer Routineuntersuchung wurde Bluthochdruck festgestellt. Da Altersbluthochdruck keine Seltenheit ist, bekam er Tabletten, die er auch regelmässig einnahm. Allerdings hatten sie wenig Wirkung. Nach einem Jahr hatte der alte Fritz eingesehen, dass er sich mit seinem hohen Bluthochdruck abfinden musste. Um für die Überwachung nicht ständig zur Ärztin gehen zu müssen, kaufte er sich ein Gerät, um damit zu Hause den Blutdruck messen zu können. Das Gerät zeigte aber immer völlig normalen Blutdruck an. Dieses Gerät wie auch das Messgerät der Ärztin waren jedoch absolut in Ordnung. Es lag auch kein Bedienungsfehler vor. Wie war das möglich? – Offenbar ist der Blutdruck von Fritz immer dann angestiegen, wenn ihm die hübsche Ärztin die Manschette um den Arm legte, um die Messung durchzuführen. Wer will ihm das verübeln?

Das Problem mit der Personenunabhängigkeit der Blutdruckmessung wurde übrigens nicht nur in der beschriebenen Situation festgestellt. Ärzte haben generell und unabhängig vom Geschlecht auf manche Personen eine blutdrucksteigernde Wirkung. Besonders wenn sie sich, wie das für die Blutdruckmessung nötig ist, dem Patienten körperlich nähern.

In einer bekannten Schweizer Konsumentenzeitschrift wurden verschiedene Thermometer verglichen. Darunter waren auch neu entwickelte Thermometer, welche die Temperatur im Ohr messen. Da die Messung nur zwei Sekunden benötigt, ist diese Methode vor allem für kleine Kinder geeignet. Welches Kind hält immer ganz artig zwei Minuten lang für das Fiebermessen still? – Über ein solches Thermometer war in besagtem Test zu lesen, dass verschiedene Messungen hintereinander recht unterschiedliche Resultate ergeben. Abweichungen bis zu einem Grad wurden festgestellt. Vermutlich könnte aber die richtige Temperatur ermittelt werden, wenn aus mehreren Messungen der Durchschnitt errechnet wird.[8]

Die Messmethode mit dem Ohr-Thermometer ist offenbar gültig und personenunabhängig, aber nicht sehr zuverlässig.

Hier sehen Sie die verwendeten Beispiele in einer Übersicht:

Wissenschaftliche Kriterien und die verwendeten Beispiele			
	Gültigkeit	Verlässlichkeit	Personenunabhängigkeit
Metermass	✔	✔	✔
Kluger-Hans-Test	☹	✔	(✔)
Blutdruckmessung Fritz	✔	✔	☹
Ohr-Thermometer	✔	☹	✔

So, nun wissen Sie, worauf es ankommt, damit eine Methode wissenschaftlichen Anforderungen genügt. Es müssen jetzt nur noch zwei Dinge angefügt werden:

Erstens ist es mit diesen Kriterien nicht ganz so einfach, wie ich es dargestellt habe – erfüllt oder nicht erfüllt –, sondern die Kriterien sind meist in einem fliessenden Übergang mehr oder weniger erfüllt. Das hängt insbesondere auch vom Kontext ab: Wofür wird das Instrument eingesetzt? Die Verlässlichkeit eines Metermasses ist sicher ausreichend, solange eine Toleranz von ein paar Millimetern herrscht. Sobald in einer Sache Hundertstelmillimeter erfolgsentscheidend sind, wäre die Verlässlichkeit nicht genügend.

Zweitens sind die Antworten auf die Frage, ob die Kriterien erfüllt sind, oft nicht ganz objektiv zu beantworten. Daher diskutieren Wissenschaftler über die verschiedenen Methoden. Letztlich bestimmt dieser Diskurs, welche Methoden von wissenschaftlichen Kreisen – zu einer bestimmten Zeit – als tauglich akzeptiert werden.

> ▶ Gültigkeit (Validität) bedeutet, dass eine Methode tatsächlich misst, was sie messen soll – und nicht etwas anderes.
>
> ▶ Verlässlichkeit (Reliabilität) bedeutet, dass die Methode das, was sie tatsächlich misst, genau misst (und das könnte etwas anderes sein, als sie eigentlich messen sollte).
>
> ▶ Personenunabhängigkeit (Objektivität) bedeutet, dass die beteiligten Personen das Messresultat nicht beeinflussen.

19 Die Argumentation – eine unbekannte Disziplin

Eine der wichtigsten Qualitäten einer studentischen Arbeit ist eine gute Argumentation. Nur, wie kommt man dazu? Interessanterweise ist dies eine Frage, die im deutschsprachigen Raum kaum thematisiert wird. Oder haben Sie ein Fach namens «Argumentation» belegt? Offenbar geht man davon aus, dass, wer seine bisherige Ausbildung ohne massive Bestechung bestanden hat, im entsprechenden Fachgebiet überzeugend argumentieren kann. Das mag zu einem ansehnlichen Teil zutreffen. Trotzdem kann es nicht schaden, wenn wir uns kurz damit befassen, worauf es beim Argumentieren ankommt.

Damit wir uns richtig verstehen: Was heisst argumentieren? Gemeint ist einfach, dass Sie Überlegungen anführen, welche die Glaubwürdigkeit einer bestimmten Behauptung unterstützen – oder allenfalls untergraben. Ich möchte Ihnen zeigen, warum es wichtig ist, dass Sie argumentieren, wo Sie argumentieren sollten, und wie das zu tun ist.

Argumentieren Sie
Stellen Sie Ihre Behauptungen nicht einfach in den Raum, sondern finden Sie Überlegungen, welche Sie stützend oder abschwächend dazu einbringen können. Das klingt simpel und ist es auch. Es braucht nur das Bewusstsein dafür, dass solche Überlegungen wirklich gefragt sind. Zwar wird «Argumentationsqualität» selten ausdrücklich als Beurteilungskriterium genannt, bei Gesprächen über die Beurteilung von Arbeiten stellte sich dieser Punkt aber oft als sehr entscheidend heraus. Schliesslich zeigen Sie gerade damit, dass Sie vernünftig und vernetzt denken können.

Argumentieren Sie an der richtigen Stelle

Argumentieren Sie immer dort, wo Sie keine schlüssigen Beweise für Ihre Aussagen haben. Selbst wenn Sie der Meinung sind, dass klare Beweise vorliegen, genügt die Tatsache, dass man vernünftigerweise auch anderer Meinung sein könnte, um einen Hinweis zu machen – und sei es auch nur in einer Fussnote. Bezüglich Aussagen von anderen Autoren müssen Sie nur in Ausnahmefällen argumentieren: Wenn Sie entweder eine Literaturanalyse machen oder wenn eine «fremde» Aussage eine tragende Rolle in Ihrer Arbeit einnimmt.

Wenn Sie nun Ihre Arbeit nach eigenen Aussagen durchforsten, bei welchen Sie noch argumentieren sollten, dann ist ein kleiner Trick hilfreich: Versetzen Sie sich in die Person, die Ihre Arbeit korrigieren wird, und überlegen Sie sich, bei welcher Aussage sie am ehesten nachhaken oder widersprechen würde. Argumentieren Sie hier besonders sorgfältig. Falls Sie zu einem Schluss kommen, mit dem die korrigierende Person vermutlich nicht einverstanden ist, dann wird die Sache heikel: Jetzt müssen Sie doppelt schlau und nachvollziehbar argumentieren. – Das bringt uns zum nächsten Punkt.

Argumentieren Sie gut

Die Qualität einer Argumentation hat zwei Aspekte: Wie tragfähig sind Ihre Argumente und wie sehr entkräften Sie allfällige Gegenargumente.

Für das Entkräften von Gegenargumenten sind mir leider keine besonderen Spielregeln bekannt. Wichtig ist allerdings, dass Sie auf Gegenargumente eingehen, selbst dann, wenn Sie sie nicht vollständig entkräften können. Kommt der korrigierenden Person nämlich ein Gegenargument in den Sinn, das Sie nicht erwähnt haben, müssen Sie mit einem Abzug rechnen. Manchmal ergibt sich daraus auch eine wichtige Frage, die dann während der mündlichen Präsentation gestellt wird.

Viel klarer hingegen ist, was es braucht, damit eine Argumentation tragfähig wird. Sie benötigen vier Elemente:

- Behauptung
- Beobachtung
- Verbindung
- Einschränkungen

Sehen wir uns diese Elemente etwas näher an.

Behauptung

Bei der Behauptung handelt es sich um eine wichtige Aussage, die Sie selbst nicht wissenschaftlich prüfen können und die Sie nicht einfach als selbstverständlich oder unbestritten annehmen wollen oder können. Es könnte sein: «Cäsar war nicht durch sein eigenes Zutun so erfolgreich, sondern durch eine Reihe glücklicher Zufälle.» – «In der öffentlichen Verwaltung ist es meist sinnlos, eine strategische Planung wie in der Privatwirtschaft einzuführen.» – «Die Reorganisation des Sozialdepartementes der Stadt Zürich darf als ein Erfolg gewertet werden.»

Beobachtung

Nun müssen Sie etwas anführen, das Ihre Behauptung stützt. Sie geben eine Quelle an, aus der hervorgeht, dass ein Feldzug Cäsars von gutem Wetter begünstigt worden ist. Sie zeigen, dass Grundvoraussetzungen für eine strategische Planung in der öffentlichen Verwaltung nicht gegeben sind. Oder Sie verweisen auf eine Statistik, die zeigt, dass das Sozialdepartement der Stadt Zürich mit dem gleichen Personalbestand heute wesentlich mehr Leistungen erbringt.

Sie merken, dass der Begriff «Beobachtung» hier durchaus übertragen verstanden werden kann. Sie müssen nicht selbst beobachten, sondern können Beobachtungen von anderen anführen. Es klingt wissenschaftlicher, wenn Sie hier den Begriff «Evidenz» verwenden. Er ist eng verwandt mit dem Ihnen vielleicht geläufigen Wort «evident», das so viel wie «offensichtlich» bedeutet.

Verbindung

Mit Verbindung ist gemeint, dass zwischen der Beobachtung und der Behauptung ein zwingender Zusammenhang bestehen muss. Wichtig ist die Unterscheidung zwischen Beobachtung an sich und deren Verbindung zur Behauptung[9]. Sie wird aus folgendem Witz deutlich:

- Ein Gast beschwert sich im Restaurant: «Sie, Herr Ober, da ist ein Haar auf meinem Schnitzel!» Darauf der Kellner: «Na, Sie Witzbold, das kann gar kein Haar sein, es ist nämlich ein Trutenschnitzel.»

Dieser Kellner kann sich offenbar vorstellen, dass sich auf einem Schnitzel eines Pelztieres ein Haar befindet, nicht aber auf dem Schnitzel eines Federtieres.

Wenn man den Kellner ernst nehmen würde – was hier leicht übertrieben scheint –, dann wäre die folgerichtige Frage: «Inwiefern stützt die Beobachtung, dass es sich um ein Trutenschnitzel handelt, die Behauptung, dass das kein Haar sei?»

Haben Sie es gemerkt? Letztlich ist die Verbindung nichts anderes als die Validität, die Sie bereits von der Geschichte des klugen Pferdes aus Kapitel 17 kennen. Der Test «Rinds- oder Trutenschnitzel?» misst offensichtlich nicht das, was er messen soll: «Ist das ein Haar (oder eine Feder)?». Die Beobachtung, dass es sich um ein Trutenschnitzel handelt, kann also noch so wahr sein. Es fehlt die Verbindung, die zwischen Beobachtung und Behauptung einen zwingenden Bezug herstellt.

Nützlich ist die Unterscheidung von Beobachtung und Verbindung deshalb, weil oft das eine oder andere unterschlagen wird. Bei der Analyse von Argumentationen werden so Schwachstellen sichtbar. Manchmal kann das fehlende Element mühelos eingesetzt werden; dann besteht kein Problem. Oft gelingt dies aber nicht befriedigend oder gar nicht; dann ist eine Schwachstelle offen gelegt.

Sie stellen sich also folgende Fragen:

- Stützt die Beobachtung «gutes Wetter bei einem Feldzug» die These vom zufällig erfolgreichen Herrscher? Eigentlich nicht, weil das Wetter auch für die Gegner gut war. Das Wetter müsste für Cäsars Truppen einen ganz entscheidenden Vorteil gegenüber dem Gegner darstellen. Der Feldzug wäre ja sonst auch ohne Wetterglück zu gewinnen gewesen. Zudem müssten natürlich eine Reihe von anderen weiteren Beobachtungen angeführt werden, um die sehr umfassende These zu stützen.
- Stützt die Beobachtung, dass die Grundvoraussetzungen fehlen, die Behauptung, dass strategische Planung in öffentlichen Verwaltungen sinnlos sei? Aufgrund der Bedeutung des Wortes «Grundvoraussetzung» ist dem zuzustimmen. Aber indem wir gewisse Rahmenbedingungen (beispielsweise die freie Wahl von Produkten und Märkten) als Grundvoraussetzung bezeichnen, haben wir noch nicht gezeigt, dass es wirklich Grundvoraussetzungen sind. Erst müssen wir dies darlegen, bevor dieser Schluss zulässig ist. (Erinnern Sie sich an die Zwinker-Theorie aus Kapitel 5?)
- Stützt die Beobachtung, dass mit gleich viel Personal mehr Leistungen erbracht werden, die Behauptung, dass die Reorganisation des Sozialdepartementes ein Erfolg war? Zunächst scheint dies zuzutreffen. Allerdings könnte auch ein neues Computersystem dafür verantwortlich sein, oder es werden zwar mehr, aber qualitativ schlechtere Leistungen erbracht.

Die Idee ist nun, dass Sie auf diese Fragen eingehen und versuchen, Sie möglichst genau zu beantworten.

Einschränkungen
Vielleicht werden Sie nicht alle Fragen unterstützend für Ihre Behauptung beantworten können. Dann ist es nötig, darauf hinzuweisen. Versuchen Sie nicht, solche «Schwächen» unter den Teppich zu kehren. Es ist besser, solche Punkte offen zu legen, als darauf zu hoffen, dass sie der korrigierenden Person nicht auffallen. Wenn Sie einräumen müssen, dass Ihre Behauptung nur unter gewissen Einschränkungen gilt, dann besteht kein Grund, Ihre Arbeit schlechter zu beurteilen. Ein Problem besteht hingegen, wenn die korrigierende Person Einschränkungen erkennt, die Sie nicht erwähnen. Sie muss davon ausgehen, dass Sie etwas Wichtiges übersehen haben.

So, damit kennen Sie nun die vier Elemente einer tragfähigen Argumentation. Selbstverständlich können diese auch ineinander verschachtelt vorkommen: Eine «Beobachtung» zur Unterstützung einer Behauptung ist selbst eine Behauptung, die Ihrerseits mit Beobachtungen, Verbindung und Einschränkungen zu untermauern ist. Weil das Argumentieren etwas ist, das wir selten üben, empfehle ich Ihnen abschliessend Folgendes:

Überprüfen Sie Ihre Argumentation

Um Ihre Argumentation zu prüfen, markieren Sie am besten alle Behauptungen im Text und stellen sich dann ein Gespräch vor, das entlang des folgenden Schemas verläuft. In der zweiten Spalte steht das, was immer gleich ist, das Übrige ist ein Beispiel, das sich je nach Situation ändert.

Argumentationsanalyse im Dialog		
A	(Behauptung)	Anita hat Masern.
B	Warum soll das wahr sein?	
A	(Beobachtung)	Sie hat rote Punkte im Gesicht.
B	Und warum soll diese Beobachtung als Begründung für deine Behauptung etwas taugen?	
A	(Verbindung)	Rote Flecken sind ein typisches Symptom bei Masern.
B	Unter welchen Bedingungen kann man sich sicher sein?	
A	(Einschränkung)	Sofern sie sich die Flecken nicht selbst aufgemalt hat.

Damit sehen Sie auch, auf welchen Ebenen eine Argumentation angegriffen werden kann:

- Auf der Ebene der Beobachtung: Wo? Ich sehe keine roten Punkte, sie hat bloss etwas gerötete Wangen.
- Auf der Ebene der Verbindung: Rote Hautflecke treten ebenso bei Scharlach, Windpocken und Röteln auf.
- Auf der Ebene der Einschränkung: Die Flecke könnten auch von jemand anderem als von Anita selbst aufgemalt worden sein, beispielsweise von ihrer Schwester.

Wenn Sie besser argumentieren wollen, ist es vermutlich zweckmässig, wenn Sie alle Behauptungen in Ihrem Text mit einer Farbe markieren und die dazugehörige Argumentation mit einer anderen.

Methoden der Sozialwissenschaften

- Argumentieren heisst einleuchtende Gründe anführen.
- Argumentieren sollte man dort, wo wissenschaftliche Studien fehlen.
- Argumentationen sollten systematisch geprüft werden: Wie oft wird argumentiert, wo, wie gut?
- Eine tragfähige Argumentation beinhaltet die Elemente Behauptung, Beobachtung, Verbindung und Einschränkung.
- Eine gute Argumentation berücksichtigt auch Gegenargumente.

Beachten Sie die Checkliste «Quellenkritik Internet» im Anhang und im Bookshelf. Sie zeigt, wie man auch nicht wissenschaftliche Quellen in einer Argumentation einbauen kann.

20 Die Hypothese – ein Aufsteller gesucht

Kennen Sie dieses Spiel?

- Einer merkt sich einen x-beliebigen Begriff. Der andere hat zehn Fragen offen, welche sich mit Ja oder Nein beantworten lassen. Spätestens mit der zehnten Frage sollte er den Begriff finden.

Eins ist sicher: Wenn Sie einfach raten, ob der Begriff «Auto», «Neid», «Zoo» oder sonst etwas sei, werden Sie es mit zehn Versuchen nie und nimmer schaffen. Die Tatsache, dass man den Begriff aus allen denkbaren Begriffen auf diese Weise finden kann, zeigt auf, wie kraftvoll dieses Vorgehen ist. Gut, Sie können einwenden, dass damit nur die Fantasielosigkeit der ersten Person unter Beweis gestellt wird. Das kann ich nicht widerlegen. Aber spielen Sie doch einmal selbst. (Mein Tipp: Eröffnen Sie mit «Ist der Begriff abstrakt?») – Immerhin: Wenn Sie mit jeder Frage das Begriffsuniversum in zwei gleich grosse Hälften teilen, so verbleibt nach zehn Fragen nur noch 0,1 Prozent[10] davon übrig. Wenn Sie nur raten, verbleiben noch mehr als 99 Prozent. Gute Fragen zu formulieren ist also absolut zentral. Und das entspricht in der Wissenschaft dem Aufstellen von Hypothesen.

Hypothesen sind Aussagen über das, was Sie erforschen wollen, die wahr oder falsch sein können. Sie stellen ein wichtiges Instrument im wissenschaftlichen Fortschritt dar. Hier sind zur Illustration gleich zwei beliebig ausgewählte Beispiele:

- «Wenn die Börsenkurse steigen, dann steigen auch die Zinsen.»
- «Je weniger Frauen ins Arbeitsleben integriert sind, desto geringer ist die Geburtenrate in einem Land.»

Hypothesen aufzustellen zwingt uns, Informationen so zu formulieren und aufzubereiten, dass wir schliesslich entscheiden können, ob wir eine Aussage als wahr oder falsch betrachten sollten, kurz: ob wir eine Hypothese annehmen oder verwerfen. Die Situation im 10-Fragen-Spiel ist künstlich: Wir könnten unser Gegenüber ja einfach fragen, welchen Begriff er oder sie sich gemerkt hat. Aber weder die Natur noch die Gesellschaft lassen sich so einfach über die Naturgesetze oder gesellschaftliche Vorgänge und Mechanismen befragen. Der Weg über die Hypothesen ist also unausweichlich.

Unabhängig davon, welche Methode Sie für Ihre Arbeit verwenden, Sie werden mit Hypothesen arbeiten. Sie werden welche aufstellen und/oder testen. Hier interessiert uns vor allem das Aufstellen. Das Testen von Hypothesen kann argumentativ geschehen, wie im vorangehenden Kapitel beschrieben, andernfalls artet es schnell in Statistik aus. Darauf möchte ich in diesem Buch nicht eingehen.

Wenn Sie anfänglich den Anspruch hatten, Ihre Fragestellung einigermassen abschliessend und umfassend zu beantworten, so werden Sie im Laufe der Arbeit vermutlich bescheidener. Sie erkennen, dass wohl noch zehn andere Hypothesen wichtig und interessant wären, mit denen Sie sich aber nicht befassen können. Die Auswahl der Hypothesen, welchen Sie sich tatsächlich zuwenden, stellt eine Konkretisierung der Fragestellung dar, die Sie ursprünglich (in der Themenanalyse) gestellt haben. Diese Auswahl ist gleichzeitig schmerzhaft, weil Interessantes wegfällt, und auch erfreulich, weil das Verbleibende nun wirklich bearbeitbar wird. Sie hat auch etwas Zufälliges, weil es nicht richtig oder falsch ist, sich mit der einen oder anderen Hypothese weiter zu beschäftigen. Immerhin gibt es einige allgemein akzeptierte Qualitätskriterien, an denen Sie sich orientieren können. Wenn die folgenden Bedingungen erfüllt sind, dürfen Sie Ihre Hypothese getrost als «gute» Hypothese betrachten.

1. Interessant
Interessant ist eine Hypothese dann, wenn sie noch nicht genügend erforscht ist oder wenn sie dem widerspricht, was man landläufig so denkt oder was bisher in Forschungen herausgefunden wurde. Und gleichzeitig sollte die Hypothese natürlich eine realistische Chance haben, sich in einem Test zu bestätigen. Wenn sie sich mit der allgemeinen Meinung deckt, wird ihre Bestätigung niemanden erstaunen. Wenn sie eine Sensation wäre, aber sich nicht bestätigt, haben Sie auch nichts gewonnen. Gute Wissenschaftler haben ein Gespür dafür, was stimmen könnte, was aber nicht schon jeder weiss oder für selbstverständlich hält.

2. Etwas ausschliessend
Hypothesen müssen etwas ausschliessen. Tun sie es nicht, dann nennt man das eine «Tautologie», ein Zirkelschluss. Die Aussage «Wenn der Hahn kräht auf dem Mist, ändert das Wetter oder bleibt, wie es ist» ist sicher immer richtig.

Aber sie sagt gerade deshalb nichts aus; eben **weil** sie nichts ausschliesst. – Merken Sie, wie Ihnen die Zwinker-Theorie aus dem Kapitel 5 gerade zuzwinkert?

3. Empirisch testbar

Damit die Hypothese auf ihren Wahrheitsgehalt hin überprüft werden kann, müssen oft mehrere Bedingungen erfüllt sein. Eine, die immer relevant ist, ist die: **Die Begriffe müssen ausreichend definiert sein.** Scheinbar klare Begriffe wie «steigende Börsenkurse», «Frauenintegration ins Arbeitsleben» oder «Geburtenrate» werden dann zum Problem. Dabei ist weniger die Frage, was damit allgemein gemeint ist, sondern was hier, in dieser Hypothese, gemeint ist, und **wie man es misst.** Über eine wie lange Zeit müssen wie viel Prozent der Aktienkurse aus welchem Aktienportefeuille gestiegen sein, damit wir von «steigenden Börsenkursen» sprechen? Ist eine Frau mit fünf Prozent Beschäftigungsgsgrad «ins Arbeitsleben integriert»? Und wie stehts mit einer Frau, die seit 20 Jahren mit Putzen unter der Hand Geld verdient? Dürfen Geburten von Ausländerinnen in Schweizer Spitälern in der Schweizer «Geburtenrate» miterfasst werden?

Manchmal bestehen für die empirische Testbarkeit weitere Bedingungen. Bei volkswirtschaftlichen Fragen müssen Hypothesen oft in mathematischen Formeln dargestellt werden, damit man sie prüfen kann. Oder bei Wenn-Dann-Hypothesen muss die Wenn-Bedingung erfüllbar sein. – Ob Sie überhaupt an die relevanten Daten kommen, haben Sie ja zum Glück schon in der Themenanalyse abgeklärt.

4. Theoretisch fundiert

Für eine Hypothese brauchen Sie gute Gründe. Ein blosses Bauchgefühl allein genügt da nicht, auch wenn solche intuitiven Elemente in der Praxis eine wichtige ergänzende Rolle spielen. Das Problem ist nämlich, dass sich statistisch einigermassen verlässlich nachweisen lässt, ob ein Zusammenhang besteht. Was für ein Zusammenhang das ist, lässt sich hingegen nur sehr schwer feststellen.

Wirkt A auf B oder B auf A? Wirkt vielleicht eine unbekannte dritte Variable C auf A und auf B? Ist die Beziehung zwischen A und B nicht stabil, sondern wird sie durch eine weitere Variable D beeinflusst?

All diese Fragen lassen sich mit Statistik (insbesondere mit Statistiken über A und B) schlecht beantworten. Wer die guten Gründe für vermutete Zusammenhänge ausser Acht lässt und versucht, nur die Daten sprechen zu lassen, wird fast mit Sicherheit getäuscht. Jedenfalls kann man «wissenschaftlich» nachweisen, dass Leute mit grösseren Füssen durchschnittlich ein höheres Einkommen haben. Wäre es ein guter Rat, sich die Füsse platt walzen zu lassen, um sein Einkommen zu steigern? Ich meine eher nein[11].

Vielleicht finden Sie: Es sind schon ein bisschen viele Bedingungen, die da zu erfüllen sind. Geht das nicht einfacher? Könnten Sie nicht einfach eine **praktische Arbeit** (s. Teil VI) schreiben und dann auf die Hypothesenaufstellerei verzichten? – Kaum. Egal, ob Sie die Reorganisation Ihrer Abteilung zum Thema machen, den Antritt einer neuen Kaderstelle professionell gestalten wollen oder ob Sie sonst ein praktisches Problem zu lösen haben: Sie verfügen über ein paar zuverlässige Informationen, welche aber nicht das abdecken, was Sie wirklich interessiert (beispielsweise aus der Buchhaltung) sowie ein paar Hinweise und Vermutungen und etwas Aufgeschnapptes aus einer Kaffeepause. – Das Verfahren, um sich Klarheit zu verschaffen, mag nun mehr oder weniger wissenschaftlich, mehr oder weniger aufwendig sein. Aber Sie kommen auch bei einer praktischen Problemanalyse nicht darum herum, sich genau diese Fragen zu stellen: Was könnte sein? Und woran würde ich erkennen, wenn es (nicht) stimmt?

▶ Hypothesen sind Aussagen über das, was Sie erforschen wollen, die wahr oder falsch sein können.

▶ Mit Hypothesen konkretisieren und bearbeiten Sie Ihre ursprüngliche Fragestellung.

▶ Gute Hypothesen sind (1) interessant, (2) nicht tautologisch, (3) empirisch testbar und enthalten daher ausschliesslich definierte Begriffe, und sie sind (4) theoretisch fundiert.

21 Der Fragebogen – und keiner ist ehrlich!

Mit Fragebögen werden immer wieder spektakuläre Misserfolge erzielt. Folgendes Beispiel war in der Zeitung zu lesen[12]:

«Vor rund drei Jahren hat der gelbe Riese eine Personalumfrage zum Thema Teilzeitarbeit durchgeführt: 34 Prozent haben damals erklärt, sie würden von der Möglichkeit Gebrauch machen, die Arbeitszeit mit entsprechender Lohneinbusse zu reduzieren. Als es aber darum ging, das Arbeitsmodell von der Theorie in die Praxis umzusetzen, waren anstelle der ursprünglichen 34 nur noch 3 Prozent bereit, Arbeitszeitverkürzungen mit Lohneinbussen hinzunehmen.»

Mit drei Effekten zum Crash
Das Problem ist bestens bekannt und hätte vorhergesehen werden können. Es wirken hier gleich drei wichtige Effekte. Der erste heisst «Tendenz zur sozial erwünschten Antwort». Das bedeutet, dass die Antworten nicht wirklich die Meinung einer Person widerspiegeln, nach der sie sich verhalten wird, sondern eher das abbilden, was die Person denkt, dass man antworten sollte, um nicht vor anderen irgendwie unangenehm aufzufallen. Wie man sich nachher verhält, steht auf einem anderen Blatt. Das klassische Beispiel, um eine sozial erwünschte Antwort zu erzeugen, ist folgende Frage: «Sind Sie ein überdurchschnittlich guter Autolenker?» Sie wird von einer überwältigenden Mehrheit bejaht. Der zweite Effekt heisst «Unverbindlichkeit der Antwort». Damit ist gemeint, dass im wirklichen Leben gewisse Einstellungen und Verhaltensweisen auch mit negativen Konsequenzen oder Kosten verbunden sind, beim Ausfüllen des Fragebogens hingegen nicht. Daher werden diese Einstellungen und Verhaltensweisen eher angegeben, als sie dann im wirklichen Leben auftauchen. Wer fragt: «Finden Sie, der Staat sollte mehr tun für …?», der findet fast sicher viel Zustimmung. Wer

hingegen fragt: «Nehmen Sie an, der Staat hätte 10 Millionen mehr Geld zur Verfügung: Wie würden Sie das Geld auf die folgenden 15 Verwendungszwecke verteilen? ...», der wird wohl eher eine Antwort erhalten, welche die tatsächlichen Verhaltensweisen der Antwortenden bei Wahlen oder Abstimmungen widerspiegelt. Dieser Fragetyp, bei dem ein Budget an Geld oder Punkten auf verschiedene Positionen verteilt wird, nennt sich Budget-Frage oder Budget-Spiel.

Der dritte Effekt heisst «strategisches Antworten». Immer, wenn Befragte davon ausgehen, dass sie das Resultat der Befragung selbst zu spüren bekommen werden, haben sie Anreize, milde Präferenzen scharf zu überzeichnen. Wer beispielsweise Schüler befragt, ob sie zu viele Hausaufgaben hätten, darf mit diesem Effekt rechnen: Wenn allfällige Massnahmen ohnehin nur nachfolgende Klassen betreffen werden, dürfte die Zustimmung milder ausfallen, als wenn eine tatsächliche Reduktion der Hausaufgaben für die eigene Klasse in Aussicht steht.

Ebenfalls grossartig danebenliegen kann man, wenn man die Bevölkerung in einem 12-seitigen Fragebogen über ihr Verhalten bezüglich Umweltschutz befragt. Auch hier spielt die Tendenz zur sozial erwünschten Antwort eine Rolle, aber es gibt noch ein weiteres Problem. Wer wird sich die Mühe machen, einen solchen Fragebogen wirklich auszufüllen? Vor allem Personen, die das Thema wichtig finden. Und das sind Leute mit einem anderen Umweltverhalten als die durchschnittliche Bevölkerung, über die sie etwas herausfinden möchten. Selbst wenn Sie also eine sensationelle Rücklaufquote von 36 Prozent hätten und selbst wenn alle ganz ehrlich – ohne Tendenz zur sozial erwünschten Antwort – antworten würden, hätten Sie eine massive Verzerrung in Ihrem Resultat. Das Problem heisst «Selektionseffekt» oder «selectivity bias». Wörtlich übersetzt heisst das «Selektivitätsverzerrung». Manche Autoren sprechen von «Verzerrung durch Auswahl» oder schlicht von «Selektivität». All diese Begriffe bedeuten das Gleiche: Es wurde eine nicht zufällige, systematische Auswahl getroffen, weil aus der Gesamtheit der Angeschriebenen vorwiegend Personen mit besonderen Eigenschaften geantwortet haben. Die Gruppe der Antwortenden ist in bestimmter Hinsicht nicht repräsentativ für die Gruppe der Befragten.

Erst testen, dann versenden
Viele Befragungen enden aber mit weniger spektakulärem Misserfolg, weil nicht falsche, sondern einfach zu wenig wesentliche Resultate erzielt werden. Tatsächlich witzeln Wissenschaftler manchmal: Erst wenn man die Antworten kennt, weiss man, was man hätte fragen sollen.

- Manchmal ergibt sich bei den Antworten ein auffälliges Muster. Die Antworten sind nicht so, wie man sie erwartet hat, oder es häufen sich starke Ablehnung und starke Befürwortung, aber fast niemand ist unentschlossen. Es stellt sich die Frage: Was beeinflusst, ob jemand dafür oder dagegen ist? Je nach Inhalt der Frage drängt sich die eine oder andere Vermutung auf, beispielsweise könnte das Einkommen von Bedeutung sein. Man merkt also erst jetzt, wo die

Antworten vorliegen, dass man vergessen hat, das Einkommen in den Fragebogen aufzunehmen. Eine wichtige Frage bleibt offen.

Aus diesem Grund machen Wissenschaftler zunächst Interviews, bevor sie einen Fragebogen aufstellen, und sie testen ihren Fragebogen zuerst an einer vergleichsweise geringen Zahl von Personen, bevor sie ihn an viele Personen versenden.

Um Ihren Fragebogen auf wirkungsvolle Art zu testen, tun Sie Folgendes: Legen Sie ihn einer Person vor mit dem Auftrag, sie solle alles aussprechen, was ihr beim Ausfüllen so durch den Kopf geht. Es geht nicht darum, dass diese Person den Fragebogen kritisiert, sondern nur darum, dass sie ihre Gedanken für Sie hörbar macht, die beim Ausfüllen entstehen. Wählen Sie für diese Aufgabe eher extrovertierte Personen.

Bei solchen Interviews stellen sich oft sehr wichtige Dinge heraus, die im Nachhinein sehr banal klingen.

Bei den Interviews und Tests stellen sich oft banale Dinge heraus:

- **Alle Fachausdrücke müssen erklärt oder weggelassen werden.** Fachleute überschätzen systematisch die Kenntnisse der Befragten in Bezug auf ihr eigenes Fachgebiet. Immer wieder werden Fachausdrücke verwendet, welche von den Befragten falsch oder gar nicht verstanden werden.
- **Wo immer möglich, sind Kästchen zum Ankreuzen zu verwenden.** Denken Sie dabei daran, die Kästchen «Weiss nicht» respektive «Andere, nämlich: …» einzusetzen. Erstens wird der Fragebogen so eher ausgefüllt und zweitens fällt Ihnen das Auswerten sehr viel leichter.
- **Ein Fragebogen sollte ein vertrauenerweckendes und motivierendes Begleitschreiben beinhalten.** Geeignet ist meistens der Briefkopf der Universität oder Fachhochschule. Manchmal kann das Begleitschreiben auch von einem Professor oder einer anderen wichtigen Person verfasst sein. Darin muss klar werden, wie wichtig dieser Fragebogen für Ihre Arbeit ist. Wenn möglich garantieren Sie deutlich die Vertraulichkeit der Angaben. Zudem sollte das Begleitschreiben ansprechend gestaltet und formuliert sein.
- **Die Fragen müssen so formuliert sein, dass man die Antwort (ein Kreuz) richtig interpretieren kann.** Bei einer Bewertung des Unterrichts konnten die Studierenden der Aussage «Die Unterrichtsunterlagen waren ausführlich genug» mehr oder weniger stark zustimmen. Ob die Unterlagen aber zu ausführlich oder zu wenig ausführlich sind, können die Befragten nicht äussern. Entsprechend schwer zu interpretieren ist das Resultat. Ein weiteres Beispiel ist die Zustimmung oder Ablehnung der folgenden Aussage: «Der Dozent setzt klare Lernziele und kann die Studierenden motivieren.» Da weiss man nicht, zu welchem Teil der Aussage Stellung genommen werden soll.
- **Die Fragen sollten nicht suggestiv sein.** Sonst provozieren Sie gerade eine «sozial erwünschte Antwort». Beispielsweise kann die Zustimmung zur Behauptung «Ich finde, dass grundsätzlich an Samstagen und Sonntagen nicht

gearbeitet werden sollte» beeinflusst werden, indem man vorher kurz in die Problematik einführt. Möchten Sie eher eine Zustimmung, so können Sie auf die Errungenschaften der Gewerkschaften in den letzten 200 Jahren hinweisen. Möchten Sie lieber eine Ablehnung, so erwähnen Sie vorgängig, dass gerade für schlecht Verdienende die Wochenendarbeit eine wichtige Einnahmequelle darstellt[13].

Unterschätzen Sie diese scheinbaren Banalitäten nicht. Es ist erstaunlich, wie schwierig es offenbar ist, diese Regeln einzuhalten. Studierende entwerfen regelmässig Fragebögen, welche dagegen verstossen. Ebenso professionelle Befragungsinstitute – nur dort ist die Frage dann etwas offener, ob mangelnde Fachkompetenz oder übertriebene Loyalität zum Auftraggeber die Ursache ist.

Von Skalen und Wahlen
Was man zur Auswahl stellt und welche Skalen verwendet werden, beeinflusst das Resultat. Deshalb ist mit diesem Aspekt sorgsam umzugehen. Hier sind die vier wichtigen Punkte[14].

- **Offene und geschlossene Fragen**
  Offene Fragen werden weniger oft beantwortet. Bei geschlossenen Fragen macht man aber Personen auf Aspekte aufmerksam und beeinflusst das Resultat. So wird Arbeitsplatzsicherheit selten erwähnt, wenn man offen fragt, was einem am Arbeitsplatz wichtig sei. Wenn man Sicherheit aber zur Auswahl stellt, wird sie oft gewählt oder als wichtig eingestuft. Es entscheidet also die Fragestellung, welches die bessere Wahl ist. Geht es darum, was den Antwortenden spontan in den Sinn kommt, oder darum, wie wichtig ein bestimmter Aspekt für sie ist? – Es ist, insbesondere bei elektronischen Fragebögen, möglich, beide Fragearten zu kombinieren.

- **Auswahlantworten**
  Auch die Auswahlantworten beeinflussen die Auswahl massiv. Sie suggeriert nämlich, dass eine mittlere Ausprägung der gezeigten Auswahl normal sei. Fragt man Personen nach ihrem wöchentlichen Fernseh-Konsum und stellt tiefe Werte zur Auswahl («2½ h und mehr» ist die höchste von fünf Wahlantworten), geben nur wenige «2½ h oder mehr» TV-Konsum zu Protokoll. Stellt man die gleiche Frage hingegen mit einer Auswahl an hohen Werten («weniger als 2½ h» ist die tiefste von fünf Wahlantworten), dann sind es mehr als doppelt so viele mit diesem Wert. – Der Effekt lässt sich umgehen, wenn eine offene Frage nach einer Zahl gestellt wird.

- **Gerade Skalen ohne Mitte**
  Sollen ungerade oder gerade Skalen verwendet werden? Das heisst, solche mit einer Mitte oder solche ohne? In der Fachliteratur werden beide Meinungen vertreten. Ungerade Skalen werden eher in der Persönlichkeitsforschung eingesetzt, gerade eher in der Meinungsforschung. Bei den meisten betriebswirt-

schaftlichen Fragen dürfte es um Meinungen gehen. Gerade Skalen sind daher oft die bessere Wahl – selbstverständlich ergänzt mit einer Option «keine Antwort».

- **Zahlenwerte**
  Man könnte meinen, dass es keine Rolle spiele, ob man Zustimmung oder Ablehnung zu einer Aussage auf einer Skala von −5 bis +5 oder auf einer Skala von 0 bis 10 misst. Der Einfluss ist aber überraschend hoch. Nach dem Studienerfolg gefragt, antworten nur wenige unterhalb der Mitte, wenn man mit der −5/+5-Skala fragt. Dort sind die Werte nämlich negativ. Auf einer 10er-Skala antworten aber mehr als doppelt so viele unterhalb der Mitte. − Welches nun die richtige Skala ist, ist damit nicht beantwortet. Typischerweise ist es sinnvoll zu überlegen, welche Zahlen den Antwortraum «psychologisch» am ehesten abbilden. Manchmal ist aber die Vergleichbarkeit mit einer anderen Untersuchung entscheidend für die Wahl der Skala.

Ohne Rücklauf kein Resultat
Schwierig einzuschätzen ist, wie viele Fragebögen Sie versenden müssen, um eine bestimmte Anzahl ausgefüllter Bögen zu erhalten. Um Rücklaufquoten einschätzen zu können, benötigt man Erfahrung. Die Person, die Ihre Arbeit betreut, kann Ihnen vielleicht weiterhelfen. Als Eckwerte möchte ich Ihnen folgende Beobachtungen anbieten:

- In der Werbebranche gilt 1 Prozent Rücklaufquote als gut, wenn Personen ohne bisherige Geschäftsbeziehung angeschrieben werden, damit sie einen Talon «Senden Sie mir Unterlagen über …» ausfüllen.
- Bei der schweizerischen Geschäftsstelle eines internationalen Grosskonzerns ist man auf 4 Prozent Rücklaufquote stolz, welche bei Personen mit bisheriger Geschäftsbeziehung erzielt wurde.
- Ein schweizerischer Verband erzielte bei einer Umfrage bei seinen Mitgliedern, den regionalen Verbänden, eine Rücklaufquote von 64 Prozent, was als befriedigend eingestuft wurde.
- An Fachhochschulen erreichen Umfragen von Studierenden unter ihren Kolleginnen und Kollegen der gleichen Klassen gegen 100 Prozent (Klassengrösse 30). Sobald Personen befragt werden, die man nicht persönlich kennt, ist der Rücklauf wesentlich geringer.

Was können Sie also tun, um die Rücklaufquote positiv zu beeinflussen? Nicht in jeder Situation haben Sie persönliche oder geschäftliche Beziehungen, welche Sie nutzen können. Folgende Tipps helfen Ihnen weiter:

1. Achten Sie auf eine saubere, ansprechende Gestaltung des Begleitschreibens. Vorhandene Beziehungen und Vertrauen erweckende Elemente sollten betont werden. Können Sie eine Professorin oder einen Unternehmensleiter dafür gewinnen, das Begleitschreiben zu unterzeichnen? Wenn nicht, achten Sie darauf, dass Studierende in der Regel nicht befugt sind, das Logo ihrer Hochschule im Briefverkehr zu verwenden!
2. Gestalten Sie das Titelblatt ansprechend, eventuell mit einer Karikatur oder einem Bilderwitz. Das motiviert, überhaupt die erste Seite aufzuschlagen.
3. Beginnen Sie mit einer interessanten ersten Frage. Wer einmal anfängt, macht die Sache womöglich auch fertig, wer gar nicht erst einsteigt, legt den Fragebogen zunächst beiseite und später zum Altpapier.
4. Senden Sie den Adressaten eine Vorankündigung, sofern es sich um einen umfangreichen Fragebogen handelt.
5. Senden Sie den Adressaten nach Ablauf der Einreichefrist ein Nachfass-Schreiben. Denken Sie bei der Formulierung daran, dass bei anonymen Befragungen dieses Schreiben auch von Personen gelesen wird, welche den Fragebogen bereits eingesandt haben.
6. Ob versprochene Geschenke oder «Wettbewerbe» im Sinne einer Verlosung die Rücklaufquote steigern, scheint wissenschaftlich umstritten. Was mit grösserer Sicherheit wirkt, aber auch teurer ist: Legen Sie als Dankeschön fürs Ausfüllen ein paar Briefmarken bei. – Denken Sie aber in jedem Fall an den «selectivity bias»: Wenn Sie die Attraktivität von Frankreich und der Türkei als Feriendestinationen vergleichen wollen, wäre es kritisch, eine Reise nach Frankreich zu verlosen.

Bei der technischen Umsetzung stellt sich immer die Frage, ob der Fragebogen nicht besser elektronisch, also als E-Mail mit Anhang oder als E-Mail mit Link auf einen Online-Fragebogen, verteilt werden soll. Grundsätzlich stellt die elektronische Form kaum ein Hindernis dar, da auch das nötige Fachwissen relativ weit verbreitet und leicht zugänglich ist. Je nach Zielpublikum, etwa bei älteren Personen, sollten Sie sich allerdings Gedanken zur Rücklaufquote und zum «selectivity bias» machen.

Aktuelle Business-Software wie MS Word bietet die Möglichkeit, Fragebögen als «Formular» abzuspeichern. Das macht Versand und Ausfüllen bequem. Leider bleibt die Auswertung dann in der Regel trotzdem reine Hand- und Fleissarbeit. Zudem kann ein elektronisches Formular wenig versierte Computerbenutzer nur dadurch schon irritieren, weil sie es abspeichern und wieder als Anhang retournieren müssen. Die Anwendung dieses Ansatzes ist daher beschränkt.

Solche Probleme können Sie umgehen, indem Sie einen Online-Fragebogen einsetzen. Das ist keine Hexerei und erfordert auch keine Programmierkünste. Es gibt im Internet Dienste, welche das Gestalten, Verteilen und ebenso das Erfassen und Auswerten (!) von Online-Fragebögen unterstützen. Dass Sie die Antworten nicht abschreiben müssen, hat drei ganz wesentliche Vorteile. Erstens sparen Sie Zeit, zweitens schalten Sie damit eine Fehlerquelle aus und drittens haben Sie keine Interpretationsprobleme wie etwa, wenn Kreuze zwischen zwei Kästchen geschrieben werden. Andererseits müssen Sie sich ein bisschen mit der Technik herumschlagen.

Zum Glück wird Sie das nicht in den finanziellen Ruin treiben. Manche Dienste sind kostenlos. Trotzdem bieten sie einige Funktionen und könnten für studentische Belange je nach Anspruch genügen. Gratis-Fragebögen sind allerdings optisch wenig gestaltbar: Logos können nicht eingesetzt werden, um die seriöse Herkunft des Fragebogens zu unterstreichen. Wen das stört, kann aus mehreren kostenpflichtigen Angeboten auswählen, welche meist auch zusätzliche Funktionen und Hilfen beinhalten. Die Kosten bewegen sich im Rahmen von ein, zwei, drei Fachbüchern.

Ich empfehle Ihnen daher Folgendes:
1. Fragen Sie an Ihrer Bildungsinstitution, ob Onlinebefragungen technisch unterstützt werden. Manche Universitäten bieten einen entsprechenden Service.
2. Fragen Sie an Ihrer Bildungsinstitution, ob bereits Verträge mit Anbietern von Onlinebefragungen bestehen. Selbst wenn Sie nicht davon profitieren können, so ist es doch für den Wissensaustausch förderlich, wenn Sie mit dem gleichen Service arbeiten, wie die Personen, welche Sie bei Ihrer Arbeit betreuen.
3. Wählen Sie einen Dienst aus untenstehender Liste oder suchen Sie sich im Internet selbstständig einen Dienst – etwa mit den Stichworten «online» und «Fragebogen».

Online-Befragungsdienste

www.2ask.ch

www.findmind.ch

www.q-set.ch

www.surveymonkey.com

www.umfrageonline.com

- ▶ Schriftliche Befragungen benötigen einen Vortest und müssen ein paar scheinbar banale Bedingungen erfüllen.
- ▶ Die «Tendenz zur sozial erwünschten Antwort» verzerrt möglicherweise die Resultate.
- ▶ Die «Unverbindlichkeit der Antwort» kann Resultate verzerren, was mit einer Budget-Frage entschärft werden kann.
- ▶ Die «strategische Antwort» kann Resultate verzerren.
- ▶ Der Effekt der «Selektivität» kann Resultate verzerren.
- ▶ Die Rücklaufquoten sind oft viel geringer, als man es sich vorstellt. Nehmen Sie aktiv Einfluss.

Beachten Sie die Checkliste «Fragebogen» im Anhang und im Bookshelf.

22 Das Interview – eine nette Sache

«Finden Sie nicht auch, dass die Schweiz eines der schönsten Länder auf der ganzen Welt ist?» – Okay, Sie haben mich schon ertappt: Das war eine Suggestivfrage. In einem Fragebogen würden Sie diesen Fehler nach der Lektüre des vorangehenden Kapitels nicht mehr machen. Tatsache ist aber, dass aus völlig neutralen Fragen durch die persönliche Einstellung der Person, die sie stellt, auf ganz subtile Art Suggestivfragen werden.

Sie erinnern sich an die Geschichte vom klugen Hans? Das Pferd hat die Erwartungen der «Interviewer» sehr genau herausgespürt. Nicht nur Pferde, auch Menschen haben ein ausgeprägtes Gespür für das, was andere von ihnen erwarten. Weil die meisten Menschen lieber in Harmonie als in Spannung leben, besteht die Gefahr, dass die Interviewpartner ihre Aussagen verzerren, um eine angenehme Atmosphäre aufrechtzuerhalten. Aussagen, die anscheinend im Widerspruch zur Meinung des Interviewers stehen, werden gemässigt geäussert oder weggelassen, wo Zustimmung spürbar ist, werden Aussagen untermauert und ergänzt. Besonders eindrücklich ist dieser Effekt nachgewiesen worden, wo man Kinder unterschiedlicher Hautfarbe über Misshandlungen befragt hat. Dabei hat man Befragerinnen und Befrager sowohl weisser als auch schwarzer Hautfarbe eingesetzt. Bei Übereinstimmung der Hautfarbe haben die Kinder wesentlich mehr von ihren Erfahrungen preisgegeben, als wenn diesbezüglich ein Unterschied bestand.[15] Hier war vermutlich nicht die tatsächliche Einstellung der Interviewer entscheidend, sondern welche Einstellung die Interviewten bei ihnen vermuteten.

Auf diesen Effekt spielt übrigens auch der Titel dieses Kapitels an: Man ist nett miteinander, aber die Wahrheit bleibt auf der Strecke. Es werden somit «nette», aber nicht wirklich gute Arbeiten verfasst.

Was können Sie dagegen tun? Vergleichen Sie bei grossen wissenschaftlichen Untersuchungen die Resultate verschiedener Interviewer. Bei einer studentischen Arbeit fällt dies in der Regel ausser Betracht: Sie sind vermutlich selbst die einzige Person, die Interviews durchführt. Was Ihnen bleibt, ist darüber nachzudenken, wie Ihre Einstellung und Ihr Verhalten die Äusserungen Ihres Gegenübers beeinflusst haben könnten.

Anschliessend sollten Sie Ihre Notizen des Gesprächs dem Partner zur Durchsicht und Stellungnahme zustellen. So können Sie Missverständnisse ausschliessen und geben der interviewten Person die Chance, die eigenen Aussagen in einer neutralen Situation zu überdenken.

Interviews verfolgen unterschiedliche Zwecke. Im Rahmen von wissenschaftlichen Zielsetzungen sind es vor allem zwei: Entweder möchte man über einen bisher schwach erforschten Untersuchungsgegenstand etwas erfahren oder es geht um die Meinung der interviewten Person.

Im ersten Fall spricht man von einem **explorativen Interview.** Explorativ heisst so viel wie «Neuland erforschend», was sich vielleicht am einfachsten am Seefahrer Kolumbus oder am Raumschiff Enterprise illustrieren lässt. Sie haben keine genaue Vorstellung von Ihrem Forschungsgegenstand und wissen vielleicht noch nicht einmal, was man fragen sollte. Um etwas über Amerika (bzw. Indien) oder ferne Galaxien zu erfahren, interviewen Sie gleichsam Kolumbus oder Captain Kirk. Sie erhalten dabei zwar ausschliesslich Informationen aus zweiter Hand. Wenn aber sonstige Daten nicht erhältlich oder mit vernünftigem Aufwand erzeugbar sind, so ist dies vermutlich die beste Vorgehensweise. Zudem erhalten Sie so die Möglichkeit, etwas über die Denkmuster Ihrer Interviewpartner zu erfahren: Was halten sie für relevant, in welchen Kategorien denken sie, wie argumentieren sie? Gerade bei sozialwissenschaftlichen Fragestellungen kann dies etwas sehr Wertvolles sein.

Im zweiten Fall spricht man von einem **empirischen Interview.** Empirisch bedeutet, dass Theorien auf ihre Bedeutsamkeit für die Praxis überprüft werden (und nicht primär ihre innere Logik oder Übereinstimmung mit anderen Theorien). Sie haben bereits recht klare Vorstellungen von dem, was Sie untersuchen wollen. Beispielsweise vermuten Sie, dass Führungspersönlichkeiten besondere Charaktereigenschaften aufweisen. Deshalb interviewen Sie Kolumbus und Captain Kirk, um im Interview zu überprüfen, ob sie die Charaktereigenschaften aufweisen, die üblicherweise grossen Führungspersönlichkeiten zugeschrieben werden. Dabei erhalten Sie natürlich Informationen aus erster Hand. Allerdings laufen Sie damit Gefahr, nur Ihre eigenen Denkmuster zu bestätigen, weil Sie mit Ihrer präzisen Fragestellung bereits die Frage mitbeantwortet haben, welches die relevanten Kategorien sind, um über Ihre Fragestellung nachzudenken.

Sie sehen also, beim explorativen Interview sind ihre Gesprächspartner lediglich das Medium, mit deren Hilfe Sie über einen anderen Untersuchungsgegenstand etwas erfahren wollen, beim empirischen Interview sind die Interviewpersonen und ihr Verhalten das, was Sie untersuchen wollen.

Die Unterscheidung bietet in Ihrer Arbeit nur dann ein Problem, wenn sie nicht getroffen wird: Wer nicht weiss, ob er die eine oder andere Sorte Interview führt, hat Mühe, dabei erfolgreich zu sein. Diese Unterscheidung soll also dazu beitragen, dass Sie erkennen, was Sie eigentlich tun respektive tun wollen.

Was die Technik des Interviewens anbelangt, so trifft man oft auf den Begriff des «halbstrukturierten Interviews». Das klingt sehr wissenschaftlich, aber es ist gar nicht kompliziert. Um den Begriff zu verstehen, braucht man nur die beiden Extremformen, das strukturierte und das offene Interview, zu erläutern, in deren Mitte dann das halbstrukturierte Interview anzusiedeln ist.

Sie könnten bei Ihrem Interview die Fragen – wie bei einem Fragebogen – genauestens ausformuliert haben und diese dann bloss noch ablesen. Somit besteht der Unterschied zum Fragebogen im Wesentlichen darin, dass jemand der befragten Person die Fragen mündlich stellt und ihre Antworten notiert. Das ist ein strukturiertes Interview.

Das andere Extrem ist das offene Interview. Dabei stellt der Interviewer offene Fragen, wie «Erzählen Sie einmal von …» – «Wie ist das damals genau vor sich gegangen, als …».

In der Mitte befindet sich nun das halbstrukturierte Interview, in dem die beiden Fragetypen gemischt werden. Für die meisten Fragestellungen ist dies die zweckmässigste Form der Befragung.

Typischerweise bietet sich eine Gliederung in drei Teile an: Einleitung, eigentliche Befragung und Abschluss. Diese Struktur hilft, dass die Teile «Einleitung» und «Abschluss» in der Planung nicht vergessen gehen. Manchmal ist aber eine feinere Gliederung hilfreich. Bei der Befragung von Führungskräften zu «Digital Leadership» zum Beispiel möchten Sie einerseits wissen, was diese Führungskräfte darunter verstehen, andererseits möchten Sie aber auch Beispiele aus ihrem Führungsalltag hören, die Ihrem eigenen Begriffsverständnis entsprechen. Da kann es sinnvoll sein, die eigentliche Befragung weiter zu untergliedern: Eine spontane Befragung (ohne inhaltliche Beeinflussung Ihrerseits), dann ein gut vorbereiteter Informationsblock über Ihre wissenschaftlich fundierten Vorstellungen und schliesslich eine weitere Befragung, bei der Sie nun aber durch diesen Informationsblock in gewissem Mass Einfluss genommen haben. Da es nicht selten auch um Probleme geht, deren Lösungen nicht bekannt sind, kann gegen Ende des Interviews eine weitere Phase sinnvoll sein, in der gemeinsam nach Lösungen gesucht wird. Hier gibt der Interviewer seine distanzierte, beobachtende Perspektive ein Stück weit auf und beteiligt sich an einem gemeinsamen, kreativen Prozess.

Selbstverständlich gibt es ausgefeiltere Techniken. Um diese anzuwenden, benötigen Sie aber in der Regel eine besondere Ausbildung. Für die meisten Fälle genügt es völlig, wenn Sie die hier (und im vorangehenden Kapitel) erwähnten Punkte beherzigen, vor allem aber: Sie müssen sich gut vorbereiten!

> ▶ Überlegen Sie, inwiefern Ihre Einstellung die Antworten beeinflusst haben könnte.
>
> ▶ Geben Sie Ihre Notizen der interviewten Person anschliessend zur Durchsicht.
>
> ▶ Unterscheiden Sie: Wollen Sie das Verhalten des Interviewten erforschen oder den Gegenstand, zu dem sich der Interviewte äussert?
>
> ▶ Simulieren Sie das Interview mit einer Kollegin.

Beachten Sie die Checklisten «Interviews führen» und «Interviews dokumentieren» im Anhang und im Bookshelf.

23 Die Fallstudie –
   Wen interessiert der Einzelfall?

Wer eine Fallstudie in Betracht zieht, ist zunächst mit folgender Frage konfrontiert: Wozu soll man einen einzelnen Fall im Detail aufrollen, wenn das Ziel «gesicherte Erkenntnis» heisst? Schliesslich wird sich ja bei jeder interessanten Beobachtung die Frage stellen, ob sie dem Einzelfall zuzuschreiben ist oder auf einer Gesetzmässigkeit beruht. Und diese Frage wird man mit einer Fallstudie sicher nicht schlüssig beantworten können. Also wozu dann die Fallstudie?

Die Frage lässt sich am besten beantworten, wenn man sich die vier Schritte des wissenschaftlichen Prozesses vor Augen hält:

1. Daten und Fakten sammeln
2. Daten und Fakten vergleichen und interpretieren
3. Theorien entwickeln oder Hypothesen ableiten
4. Hypothesen testen (Empirie)

Erinnern Sie sich noch? Wenn nicht oder nur schleierhaft, dann blättern Sie doch zurück zum Kapitel 6.

Eine Fallstudie hilft sicher wenig für den letzten Schritt, das ist richtig. Umso mehr liegt ihre besondere Stärke bei den vorangehenden Schritten. Interessante Fragen aufzuwerfen, ist eben auch wichtig. Es geht bei Fallstudien also primär darum, Theorien zu entwickeln und Hypothesen aufzustellen. Übrigens: Wenn man mehrere Fallstudien für die gleiche Arbeit erstellt und sie systematisch miteinander vergleicht, dann besteht die Möglichkeit, sogar mit dieser Methode Hypothesen zu testen – wenn auch nicht auf eine sehr rigorose Art. Für eine Bachelor- oder Masterarbeit ist das Verfassen mehrerer Fallstudien aber selten.

Eine weitere Stärke der Fallstudie ist, dass sie die Frage beantworten kann, wie praktische Probleme angegangen werden können. Praktische Probleme halten sich ja selten an die Grenzen der wissenschaftlichen Fachgebiete und sind daher mit theorieorientierteren Methoden schwer zugänglich.

Gerade daraus entsteht aber oft ein Missverständnis: Fallstudien sollen nicht einfach im theorielosen Raum stattfinden. Den theorielosen Raum gibt es ja gar nicht, weil menschliche Wahrnehmung immer auf Denkmustern beruht. (Sie erinnern sich an das Kapitel über die Sinnestäuschung?) Der Umgang mit der Theorienvielfalt ist daher bei einer Fallstudie besonders wichtig. Wie bewerkstelligen Sie das? Indem Sie vorgängig zwei Fragen beantworten:

1. Welche Theorien sagen über die Fragen, die mich gemäss Themenanalyse interessieren, etwas aus? – Dank Beantwortung dieser Frage kommen Sie auf eine praktikable Abgrenzung des Themas. Vielleicht müssen Sie eine Theorie sogar weglassen, weil der Aufwand für die Arbeit sonst zu gross würde.
2. Was sagen diese Theorien aus, wozu sagen sie nichts? – Damit erhalten Sie die Punkte, die Sie beim Erheben und Verfassen der Fallstudie beachten müssen.

Eine gute Fallstudie muss also bewusst den Bezug zur Theorie herstellen. Würde sie dies nicht tun, so wäre sie nutzlos. Wortgetreu wiederzugeben, wie beispielsweise ein Vater seine dreijährige Tochter ausschimpft und wie diese darauf antwortet – das mag interessant sein. Aber erst die Auseinandersetzung mit der Theorie bringt Systematik in die Beobachtung.

Erstens erkennt man dank dem Einbezug von Theorien, dass in diesem Fall das nonverbale Verhalten wichtig sein kann und man mit der «wortgetreuen» Erhebung der Aussagen methodisch sicher zu kurz greift.

Zweitens kann die Reaktion der Tochter besser beschrieben werden, nämlich in den entsprechenden Kategorien: als Übereinstimmung oder Abweichung von einer (theoretisch) erwarteten Reaktion.

Und drittens kann nun leichter beobachtet werden, wozu eine Theorie fehlt. Wird beispielsweise festgestellt, dass das Mädchen statt traurig oder wütend dreinzuschauen immer irgendwie verkniffen lächelt, wenn es ausgeschimpft wird, dann wäre das sicher eine bemerkenswerte Beobachtung. Wenn es keine Theorie gibt, die dies erklärt, dann hat man vielleicht etwas Wichtiges entdeckt. (In diesem Fall wurde folgende Theorie entwickelt: Das Mädchen freut sich trotz des unerfreulichen Inhalts der Worte über die Zuwendung und Aufmerksamkeit des Vaters.[16])

Gerade diese Eigenschaft der Fallstudien, beim Entdecken von neuen Zusammenhängen behilflich zu sein, macht sie zu einer Methode, die sich besonders für wenig erforschte Fragestellungen eignet. Dass weitere Studien nötig sind, um festzustellen, wie weit man die Beobachtung verallgemeinern darf, muss man in Kauf nehmen.

Wenn man sich für eine Fallstudie entschieden hat, stellt sich eine weitere Frage: Wie führt man sie durch?

Schritte bei einer Fallstudie

1. Themenanalyse
   Fragestellung und Durchführbarkeit klären: Material zugänglich? Interviews möglich?
2. Theorien und zentrale Kategorien klären und zusammenfassen/darstellen
   Resultat mit Betreuungsperson abstimmen
3. Fallstudie erheben
   Beobachten, interviewen, Dokumente analysieren, Zeitungsartikel auswerten usw.
4. Fallstudie auswerten
   Übereinstimmungen mit und Abweichungen von Theorien festhalten und sich dazu Gedanken machen, eigene Hypothesen aufstellen und deren Testbarkeit überlegen

Die Themenanalyse und den anschliessenden Schritt haben wir bereits geklärt: Man schafft sich einen Überblick über die Literatur zum Thema und leitet daraus ab, welches die zentralen Kategorien sind, anhand derer die Fallstudie beschrieben werden soll. Das Resultat dieses Schrittes sollte, wenn möglich, mit der Betreuungsperson besprochen werden. Falls sie nämlich eine Lieblingstheorie hat, gibt es sicher Abzug dafür, falls man sie nicht berücksichtigt.

Der dritte Schritt ist das Erheben der Fallstudie. Wer selbst in der Lage ist, einen Fall live zu beobachten, wird vermutlich diesen Weg wählen. Der einzige mögliche Nachteil ist, dass man durch seine Anwesenheit die Resultate verfälscht. Meistens interessiert man sich aber für Fälle, welche der Vergangenheit angehören. Beispielsweise eine Reorganisation. Dann wird man die Führungskräfte und die Betroffenen interviewen oder schriftlich befragen (und dabei hoffentlich die Hinweise aus den Kapiteln zum Fragebogen und zum Interview berücksichtigen), man wird die Projektdokumentation und andere Aktennotizen studieren und natürlich auch das auswerten, was andere über diesen Fall bereits geschrieben haben, z. B. in einer Tageszeitung.

Der letzte Schritt – die Auswertung der Fallstudie – hat natürlich längst begonnen. Bereits während des Verfassens der Fallstudie stellen sich die Fragen nach dem Bezug zu Theorien und nach neuen Hypothesen. Einerseits ist es wichtig, die weiteren Untersuchungen anzupassen im Hinblick auf das Prüfen dieser Hypothesen. Ergänzen Sie also Ihren Interviewleitfaden mit neu aufgetretenen Fragen. Andererseits ist es sinnvoll, Erhebung und Auswertung nicht vollständig zu verschmelzen, sondern die Auswertung nachher separat (teilweise zum zweiten Mal) durchzuführen. Damit stellt man sicher, dass die Auswertung nicht nur nebenbei passiert, sondern bewusst und systematisch stattfindet.

- Eine Fallstudie bedeutet nicht, dass man sich im theorieleeren Raum bewegen darf oder soll.
- Eine Fallstudie kann Hypothesen nur in wenig rigider Art testen; sie kann jedoch helfen, neue Hypothesen aufzustellen.
- Eine Fallstudie stellt bewusst einen möglichst engen Bezug zu Theorien her.

24 Das Experiment – alles unter Kontrolle

Unter dem Stichwort «Experiment» stellt man sich oft einen Herrn mit grauen Haaren im weissen Kittel vor, der verschiedenfarbige und blubbernde Flüssigkeiten erhitzt, destilliert und mischt – bis vielleicht etwas explodiert. Was man sich dabei viel weniger vorstellt, ist, dass dieser Herr sich genau notiert, was er effektiv tut, damit er es – falls das Resultat interessant ist – jederzeit wiederholen kann. Während die Geschichte mit den Flüssigkeiten an das Fach Chemie gebunden ist, ist die Geschichte mit der jederzeitigen Wiederholbarkeit auf jedes Fach anwendbar.

Das Tolle an Experimenten ist, dass man mit einiger Sicherheit Zufälle und andere Einflüsse ausschliessen kann: Man hat in seinem Labor alles unter Kontrolle. Man könnte einwerfen: In der Chemie dürfte das kein Problem sein, aber geht das auch in den Sozialwissenschaften? – Es geht. In der Psychologie sind nicht nur mit Ratten, sondern auch mit Menschen höchst interessante und aufschlussreiche Experimente durchgeführt worden. Beispielsweise hat Asch[17] einer Gruppe von Leuten drei verschieden lange Striche gezeigt und sie gefragt, welcher die gleiche Länge wie ein Referenzstrich habe. Dabei liess er die Personen absichtlich in einer Gruppe reihum antworten, sodass alle die gegebenen Antworten hören konnten. Was wie ein Wahrnehmungstest aussah, war in Wirklichkeit ein Versuch zum Thema Gruppendruck: Alle Anwesenden, bis auf die einzige wirkliche Versuchsperson, waren instruiert worden, übereinstimmend einen falschen Strich zu nennen. Die wirkliche Versuchsperson konnte erkennen, dass Strich B die gleiche Länge wie der Referenzstrich hatte, beobachtete aber gleichzeitig, dass alle andern im Raum offensichtlich Strich C für gleich lang hielten. Wie würde sie sich verhalten? – Das erstaunliche Resultat: 37 Prozent aller Versuchspersonen äusserten sich gruppenkonform.

Wie immer stellen sich bei der Beantwortung einer Frage eine Reihe von neuen Fragen: Spielt die Grösse der Gruppe eine Rolle? Spielt es eine Rolle, wie deutlich der Unterschied zwischen der längsten und der zweitlängsten Strecke ist? Verhalten sich Männer und Frauen unterschiedlich? Beeinflusst die Bildung der Versuchsperson ihr Verhalten?

Das Faszinierende an Experimenten ist, dass man alle diese Fragen grundsätzlich mit weiteren Experimenten beantworten könnte. Man braucht in der Regel nur einen Aspekt des Experiments, eine Variable, zu verändern.

Und schon haben wir die zentralen Elemente eines Experiments beisammen:

- die Grundanordnung
- die unabhängige Variable (Ursache) und ihre Variation
- die abhängigen Variablen (Wirkungen) und ihre Messung

Die **Grundanordnung** ist eine künstlich hergestellte Situation, in der die Ursache kontrollierbar und die möglichen Wirkungen messbar sind. Zudem muss die Grundanordnung sicherstellen, dass andere Ursachen, welche die zu beobachtenden Wirkungen erzeugen könnten, mit einiger Sicherheit ausgeschlossen werden. Im obigen Beispiel ist es also die Situation, in der einer meint, er sei in einem Wahrnehmungsexperiment, in welchem er etwas anders wahrnimmt als alle anderen.

Die **unabhängige Variable** (Ursache) ist hier der Gruppendruck, der durch diese Grundanordnung – scheinbar in recht geringem Masse – erzeugt werden kann. In Kontrolldurchgängen, in denen die eingeweihten Teilnehmer aufgefordert waren, ihre wirkliche Wahrnehmung zu nennen, machten die Versuchspersonen kaum Fehler (weniger als 1 %). In den Experimentaldurchgängen wurde der Gruppendruck dann wie oben beschrieben, quasi auf Knopfdruck, aktiviert, alles Übrige aber wurde gleich gemacht. Dadurch kann eine beobachtete Wirkung klar einer Ursache zugeordnet werden.

Die **abhängige Variable** (Wirkung) besteht hier darin, dass Versuchspersonen die übereinstimmende Strecke nicht richtig identifizieren, sondern eine gruppenkonforme Aussage machen. Messbar wird die Wirkung einfach durch den Prozentsatz der richtigen Angaben.

Das zentrale kreative Element am Experimentieren ist das Finden einer interessanten Grundanordnung. Beim Untersuchen der Auswirkungen von Essgewohnheiten auf die Gesundheit stossen Wissenschaftler immer wieder auf die Frage wie man störende Einflüsse ausschalten kann: Stress, Alkohol, Rauchen, Abgase usw. Jemand ist auf die Idee gekommen, nach dem Zusammenhang zwischen Essgewohnheiten und Langlebigkeit bei Nonnen zu suchen. Da Nonnen auf der ganzen Welt in sehr vergleichbaren Bedingungen leben, aber sich unterschiedlich ernähren, war die Anordnung bereits da – sie musste «nur» noch gefunden werden.

Kommen wir zur entscheidenden Frage: Können Sie ein Experiment in Ihrer Arbeit einsetzen? – Die Antwort lautet: «Ja, wenn ...». Die Bedingungen sind nämlich, dass Sie einige interessante Experimente aus Ihrem Fachgebiet kennen und dass Ihr Betreuer Sie unterstützt. Die Kenntnisse anderer Experimente brauchen Sie, um selbst ein gutes Experiment entwickeln zu können. Die Unterstützung brauchen Sie vor allem bei der Beurteilung der Tauglichkeit Ihrer Grundanordnung, aber oft auch bei der Durchführung, um an genügend Versuchspersonen zu kommen. Oft werden Studierende im ersten Semester «missbraucht», und das geht sicher besser, wenn sich jemand mit einer entsprechenden Position dafür einsetzt.

Grundsätzlich müssen Experimente aber nicht kompliziert sein. Das Beispiel mit den Nonnen hat dies ja gezeigt. In einer Semesterarbeit hat jemand versucht, etwas über die «Technikgläubigkeit» von Menschen in Erfahrung zu bringen. Dabei wurde einfach Studierenden einer Wirtschafts- bzw. einer Technischen Hochschule (Variation der unabhängigen Variable) im Herbst 1999 die Frage gestellt, ob sie einen geschenkten Ferienflug antreten würden, der während des Datumswechsels des Millenniums stattfindet. Übrigens, das Resultat überraschte nicht: Techniker würden eher fliegen.

Grundsätzlich können Sie aber die Denkweise des Experimentes immer anwenden, indem Sie einfach gedanklich die Frage stellen: Was würde passieren, wenn eine bestimmte Variable verändert würde, sonst aber alles gleich bleibt? Damit erhalten Sie gute und interessante Argumentationen. In der Ökonomie braucht man diesen Denkansatz so oft, dass man den lateinischen Ausdruck «ceteris paribus» oder kurz c.p. verwendet. Auf Deutsch heisst das etwa: Alles andere bleibt gleich, aber lateinisch klingt es halt sofort viel wissenschaftlicher.

Machen wir doch zum Schluss ein Experiment, in dem Sie den folgenden Text langsam und entspannt lesen:

- Stellen Sie sich eine Zitrone vor. Sehen Sie die zitronengelbe Farbe und beobachten Sie kleine Glanzlichter auf der Oberfläche. Betasten Sie in Gedanken die Haut dieser Zitrone. Kratzen Sie etwas daran. Riechen Sie genüsslich den strengen und frischen Duft dieser reifen, prallen Frucht. Stellen Sie sich nun vor, dass Sie langsam hineinbeissen und wie der saure Saft auf Ihre Zunge spritzt. Geniessen Sie Ihre Vorstellung.

Wenn Sie diese Aufgabe erfüllt haben, dann beobachten Sie nun Ihren Speichelfluss. Ist daran irgendetwas auffällig? Das Experiment können Sie jederzeit wiederholen – und wenn Sie sich genügend Zeit dafür nehmen – mit dem immer gleichen Resultat: Speichelfluss.

- Ein kleines, clever angelegtes Experiment kann viel interessanter sein als ein aufwendigeres Verfahren.
- Zentrale Elemente des Experiments sind die Grundanordnung, die Variation einer Ursache, die Messung der Wirkung und das Ausschliessen von anderen Ursachen.
- Der Denkansatz des Experiments kann bei der Argumentation nützlich sein.
- Experimente sind wiederholbar: Bei gleicher Anordnung müsste sich das gleiche Resultat ergeben.

25 Zahlen jonglieren – aber mit Köpfchen!

Das Stichwort «Statistik» löst bei den wenigsten Leuten Begeisterungsstürme aus. Der schlechte Ruf der Statistik liegt vermutlich nicht so sehr daran, dass man damit lügen kann, sondern vielmehr, dass es sofort in viel Arbeit mit abstrakten Formeln und unübersichtlichen Tabellen ausartet, sobald man sich mit dem Thema näher befasst. Trotzdem finden viele Wissenschaftler, dass Kenntnisse in Statistik zentral sind – und vermutlich haben sie damit erst noch Recht: Wer von Statistik nichts versteht, ist unbewussten Denkfehlern ebenso ausgeliefert wie beabsichtigten «statistischen Lügen». Aber nicht nur das: Die mangelhafte Auswertung von aufwendig gesammelten Daten gehört zu den wichtigen Problemen bei studentischen Arbeiten. Manchmal sind die Daten sogar so ungeschickt gesammelt, dass eine interessante statistische Auswertung im Verlauf der Arbeit nicht mehr möglich ist.

Ziel dieses Abschnittes kann es nicht sein, Ihnen das nötige statistische Rüstzeug zu vermitteln. Das würde den Rahmen sprengen. Ich möchte Ihnen bloss zeigen, wie Sie mit Statistik grundsätzlich umgehen sollten. Stellen Sie sich folgende Fragen:

Welche statistischen Methoden beherrsche ich?
Falls Sie kein Hirsch in Statistik sind, ist eine realistische Selbsteinschätzung sicher sinnvoll, andererseits müssen Sie dann gleichzeitig fragen: Welche statistischen Methoden **sollte** ich beherrschen? Der Trick hier ist, eine Balance zu finden, damit Sie sich nicht übernehmen, aber die zweckmässigen Instrumente auch wirklich einsetzen, soweit man es von Ihnen aufgrund Ihrer bisherigen Ausbildung erwarten darf. Wenn Sie ernsthafte Zweifel an Ihren statistischen Fähigkeiten haben, dann holen Sie sich entweder verlässliche Hilfe oder lassen Sie es bleiben.

Wenn Sie statistische Methoden falsch oder unprofessionell einsetzen, dann ist es viel schlimmer, als wenn sie eine Auswertung unterlassen, die sie eigentlich beherrschen müssten.

Was will ich herausfinden, und wie kann die Statistik diese Frage überhaupt klären?

Eigentlich haben Sie die Frage, was Sie herausfinden wollen, bereits in der Themenanalyse beantwortet. Trotzdem: Machen Sie sich klar, wie Sie die Daten auswerten müssen, um Ihre Frage zu beantworten. Genügt beispielsweise bereits einfach die «Anzahl Ja» und die «Anzahl Nein»? Oder sind Prozentwerte gefragt? Wäre es wichtig, ob Männer anders antworten als Frauen? Oder müsste man untersuchen, ob ältere Personen anders antworten als jüngere? Angenommen, der Durchschnitt eines erhobenen Wertes beträgt X, wäre die gestellte Frage dann beantwortet?

Interessanterweise sind nicht immer aufwendige statistische Verfahren notwendig, um bestimmte Zusammenhänge zu verdeutlichen. Manchmal genügt eine einfache Kreuztabelle, beispielsweise so:

Fiktives Beispiel einer Kreuztabelle

	Ja	Nein
Frauen (55 = 100 %)	76 %	24 %
Männer (73 = 100 %)	58 %	42 %

Welche neuen Fragen werden die Antworten aufwerfen?

Es ist das eine zu wissen, was man herausfinden möchte, aber etwas ganz anderes, was einen interessiert, nachdem man die Resultate kennt. Natürlich kann man die Resultate nicht genau vorhersehen und daher die Anschlussfragen nicht immer von vornherein schon erkennen. Aber es lohnt sich zu überlegen, wie die Resultate grundsätzlich sein könnten und was man dann weiter fragen würde. Die möglichen Resultate lassen sich in drei Gruppen einteilen: Erstens, die Resultate bestätigen, was man erwartet oder erhofft, zweitens, die Resultate widersprechen dem und, drittens, die Daten lassen weder den einen noch den anderen Schluss zu.

Mit der ersten Gruppe hat man die wenigsten Probleme; manchmal sind Anschlussfragen schon vorhanden. Aber oft lohnt es sich, die ursprüngliche Fragestellung so zu ändern, dass sich die Anschlussfragen besser beantworten lassen. Bei den anderen beiden Gruppen muss man zunächst mit der Enttäuschung fertig werden und ist meist froh, wenn man etwas Denkarbeit schon im Voraus geleistet hat.

Sie sehen, diese Fragen sind miteinander verknüpft.

Bei jeder Arbeit, in der Sie mit Zahlen arbeiten, sollten Sie sich folgende Fragen stellen:

▶ Welche Methoden will und kann ich einsetzen?

▶ Sind die Methoden wirklich geeignet, meine Fragen zu beantworten?

▶ Welche neuen Fragen werden die Antworten aufwerfen?

26 Forschungsdesign

Haben Sie's erfasst, oder sehen Sie bereits vor lauter Bäumen den Wald nicht mehr? Schauen wir uns den Wald an. Danach können Sie entscheiden, welche Methode Sie einsetzen. Sie müssen nicht unbedingt eine auswählen; es können mehrere sein, die sich aufeinander beziehen. Das wäre dann Ihr «Forschungsdesign». Dieser Begriff ist bei der Themenanalyse (Seite 38) bereits einmal gefallen. Er klingt vielleicht komplizierter, als er ist. Das Arbeitsresultat könnte beispielsweise so aussehen:

1. Literaturrecherche: Was ist der Stand der Forschung?
2. Interviews mit sieben Betroffenen: Was meinen Betroffene? Welche Vermutungen/Hypothesen ergeben sich daraus? Welche Fragen sollten mit dem folgenden Fragebogen beantwortet werden?
3. Fragebogen an 300 Firmen einer bestimmten Branche mit Auswertung und Interpretation: Beantwortung der Fragen, die im Schritt 1 und 2 offen geblieben sind.

Das Forschungsdesign ist also eine Kombination oder Abfolge von Forschungsmethoden, die konkretisiert und mit Zielsetzungen eingesetzt werden und aufeinander abgestimmt sind. Diese Abstimmung ist wichtig. Beispielsweise klingt eine «Befragung von Betroffenen» zunächst nach einer guten Idee. Zeigt aber die Literaturrecherche, dass eine solche schon mehrmals gemacht worden ist, muss zumindest die Zielsetzung der Befragung angepasst werden, allenfalls ist ganz von einer Befragung abzusehen.

Methodenüberblick

	Fragebogen	Interview	Fallstudie	Experiment	Daten-Analyse
Inhalt Was ist das?	Schriftliche Befragung	Mündliche Befragung	Erheben eines Falls mittels Interviews und Dokumentenanalyse	Verhaltensunterschiede in Abhängigkeit einer kontrollierten Rahmenbedingung feststellen	Statistische Auswertung von Daten
Stärken Wann setzt man das ein?	• Wenn viele Personen befragt werden • Klare Vorstellung, wonach gesucht wird	• Wenn wenige Personen befragt werden • Fragen sind wenig strukturiert • Als Vorphase zur schriftlichen Befragung • Wenn Denkmuster der Befragten interessieren	• Wenn die praktische Umsetzung interessiert • Wenn wenig quantifizierbare Fragen geprüft werden sollen • Wenn Hypothesen generiert werden sollen	• Wenn gezeigt werden soll, dass und wie eine Rahmenbedingung auf das Verhalten wirkt	• Wenn viele Daten vorliegen, die nicht ohne Weiteres für sich sprechen
Umsetzung Welche Voraussetzungen müssen erfüllt sein?	• Geld • Genügend gute Adressen • Vorphase nötig	• Interviewpartner	• Partner, die das Erheben der Fallstudie unterstützen	• Probanden • Rahmenbedingungen für die Durchführung	• Geeignete Daten vorhanden • Daten können erhoben werden • Kenntnisse über die Methoden
Schwächen Was kann man nicht?	• Sicher sein, dass alle Fragen richtig verstanden worden sind • Übereinstimmung Antwort und tatsächliches Verhalten • Selektionseffekte ausschliessen	• Einfluss des Interviewers ausschliessen	• Sichere Verallgemeinerungen	• Komplexität der Realität erfassen	• Daten und Datenmodelle entsprechen nicht der Theorie

Grundsätzlich kann das Forschungsdesign aus einer einzigen Methode bestehen, zusätzlich zu Literaturrecherche und Argumentation, die in jedem Fall dazugehören. Wichtig ist, dass insgesamt ein stimmiges Ganzes im Hinblick auf die Fragestellung entsteht. Manchmal ist es möglich, das Forschungsdesign einer anderen Studie zu übernehmen, oft aber ist ein Massschneidern auf die eigene Situation nötig. Neben der Stimmigkeit der Methodenkombination als Ganzes sind folgende Fragen entscheidend:

1. Ist das Forschungsdesign in der gegebenen Zeit und mit meinen Ressourcen zu bewältigen? – Oft wäre es spannend, alle Beteiligten zu befragen, aber wegen Ressourcenknappheit muss man bewusst eine Auswahl treffen. Oder eine spannende, aber anspruchsvolle statistische Auswertung muss fallengelassen werden, weil die eigenen Fachkenntnisse dazu ungenügend sind.
2. Ist das Forschungsdesign so durchführbar? – Es muss frühzeitig abgeklärt werden, ob man an die benötigten Daten, an die Interviewpartner oder an die Adressen herankommt.
3. Welche Methoden sind im Hinblick auf meine Fragestellung wohl am ergiebigsten? – Sind Sie eher auf konkreten Einblick in Einzelfälle aus, greifen Sie lieber zu Interviews und Fallstudien. Wollen Sie allgemeine Trends und Gesetzmässigkeiten herausfinden, wählen Sie eher schriftliche Befragungen oder Experimente.

Diese Fragen helfen, den Abschnitt «Methodik/Forschungsdesign» in der Themenanalyse (Seite 39) wirklich fundiert zu bewältigen. Besonders nützlich ist es auch, einen Überblick über die wichtigsten Methoden zu haben. Dazu dient die Tabelle auf der gegenüberliegenden Seite. Literaturrecherche und Argumentation sind darin nicht extra aufgeführt, weil diese beiden Methoden selbstverständlich zu jeder Arbeit gehören.

VI Die praktische Arbeit

In manchen Situationen erheben studentische Arbeiten nicht wirklich einen wissenschaftlichen Anspruch. Das würde zwar selten jemand so offen zugeben, aber in Wahrheit sollen die Studierenden nachweisen, dass sie etwas gelernt haben, das sie in der Praxis anwenden können. Diese Art der Zielsetzung ist oft bei praxisorientierten Studiengängen der Fall.

Die Anwendung der im vorangehenden Kapitel beschriebenen Methoden ist natürlich nicht falsch. Aber sollte sich die generelle Zielsetzung eher an Ihren praktischen Fähigkeiten ausrichten als an Ihrer wissenschaftlichen Qualifikation, dann kann das vorliegende Kapitel hilfreich sein.

In diesem Kapitel gehen wir folgenden Fragen nach:
- ▶ Was ist das Ziel einer praktischen Arbeit?
- ▶ Wie geht man bei der Lösung praktischer Probleme vor?
- ▶ Warum ist es wichtig, verschiedene Perspektiven einzunehmen, und wie macht man das?
- ▶ Wie ist mit der eigenen Rolle umzugehen?

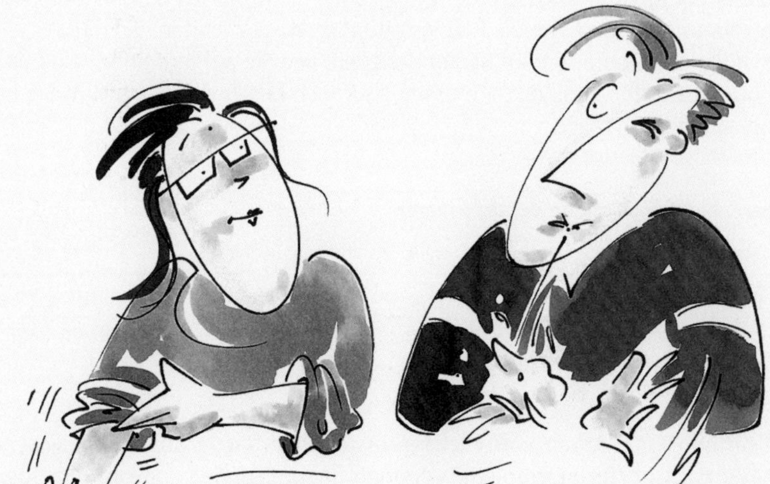

Die praktische Arbeit

27 Das Ziel einer praktischen Arbeit

Ziel einer praktischen Arbeit ist, Ihre Fähigkeit zur praktischen Problemlösung zu demonstrieren. Wie geschieht das? Sie zeigen, wie Sie ein Problem gelöst haben. Das klingt sehr einfach. Aber aufgepasst: Es genügt nicht zu zeigen, **dass** Sie ein Problem gelöst haben. Sie müssen zeigen **wie.** Und weil Sie auch hier nachvollziehbar arbeiten müssen, genügt es auch nicht, nur zu beschreiben, was Sie unternommen haben, um die Problemsituation zu bewältigen. Sie müssen mit möglichst klarem theoretischem Bezug darlegen, wie Sie auf Ihre Entscheide und Handlungen gekommen sind. Sie müssen also auch beschreiben, **warum** Sie etwas unternommen haben.

Praktische Problemlösungen dokumentieren	
Vorher/Nachher	Vorher war die (praktische) Situation so, nachher so.
Massnahmen	Das habe ich (praktisch) unternommen, um die Situation zu verbessern.
Begründung	Das habe ich mir (theoretisch) überlegt, um mich für meine Handlungen zu entscheiden.

Die Bewertung Ihrer Arbeit wird nicht in erster Linie davon abhängen, welche Lösung Sie konkret für Ihr Problem gefunden haben, sondern davon, wie überzeugend Sie Ihre Überlegungen darlegen, die zu dieser Lösung geführt haben. Das ist ein häufiges Missverständnis. «Praktische Arbeit» heisst nicht, dass theoretische Überlegungen keine Rolle spielen. Im Gegenteil! Sie spielen eine Hauptrolle: Sie wollen in der Praxis angewendet werden.

Ebenfalls zu beachten ist, dass es in der Praxis meist mehrere Ebenen von Zielen gibt. Das ist besonders relevant, wenn Sie selbst in einer Führungsposition arbeiten. Es gibt Unternehmensziele und Abteilungsziele, Jahresziele und Quartalsziele, es gibt vorgegebene oder vereinbarte Ziele, und es gibt Ihre ganz persönlichen Ziele. Und dann gibt es eben noch das Ziel Ihrer Arbeit. Das ist hier der entscheidende Punkt. Das Ziel Ihrer Arbeit schliesst in der Regel an die Unternehmens- und Abteilungsziele an, aber es ist nie identisch mit ihnen. Es ist also wichtig, dass Sie klar auseinanderhalten, zu welchen betrieblichen Zielen Sie mit Ihrer Arbeit einen Beitrag leisten wollen und welches Ziel Sie mit Ihrer Arbeit konkret erreichen wollen.

> ▶ Für die Bewertung ist die Vorgehensweise zur Entwicklung der Lösung wichtiger als die Lösung selbst.
> ▶ Das Dokumentieren des Lösungswegs ist zentral.

28 Abgrenzung praktischer Probleme

Die Abgrenzung praktischer Probleme stellt eine besondere Herausforderung dar. Bei üblichen wissenschaftlichen Studien sind die Kriterien Ort, Zeit, Fragestellung/Inhalt, Methode und Untersuchungsgegenstand zweckdienlich und ausreichend. (Auf Seite 40 sind sie erläutert.) In der Praxis können folgende drei Aspekte hilfreich sein, um eine gute Abrenzung vornehmen zu können.

Systemabgrenzung
Stellen Sie sich vor, es geht um eine Reorganisation. Da gibt es Themen wie Prozesse, hierarchische Strukturen, Stellenbesetzung, Finanzen, Informatik und Changemanagement. Alle hängen miteinander zusammen und bilden ein System. Wenn Sie eine Arbeit schreiben, bei der Sie sich nicht um alle Aspekte kümmern können (oder wollen), dann könnten Sie im Prinzip schon etwas weglassen, aber die Dinge hängen ja eben voneinander ab: Die Informatik lässt sich kaum planen ohne die neu definierten Prozesse, diese sind wiederum abhängig von Strukturen und so weiter. Wie kommen Sie aus dieser Komplexität heraus? Ganz einfach: Mit vernünftigen und deklarierten Annahmen. Gehen Sie in der Arbeit beispielsweise davon aus, dass Finanzmittel im üblichen Rahmen zur Verfügung stehen (nennen Sie einen konkreten Betrag). Gehen Sie davon aus, dass die Informatik die Prozesse ohne Mehrkosten abbilden kann, egal, wie sie inhaltlich gestaltet sind (auch wenn es sein könnte, dass Mehrkosten entstehen). Damit können Sie sich in Ihrer Arbeit von Unsicherheiten und Abhängigkeiten lösen, die es in der Praxis gibt. Diese Annahmen sollten Sie begründen und mit Ihrer Betreuungsperson besprechen. Sie sollte sie für realistisch erachten. Sollte eine dieser Annahmen sich als falsch herausstellen, fällt natürlich Arbeit für das Nachjustieren an. Aber erstens betrifft es nur die Praxis, und nicht Ihre studentische Arbeit, und zweitens erkennen Sie ja das Problem und können darauf reagieren.

Reine Stabsarbeit vs. Stabsarbeit mit Workshop
Bei einer Strategieentwicklung zum Beispiel kann es sinnvoll sein, dass Sie in Stabsarbeit einen Vorschlag entwickeln und diesen der Geschäftsleitung unterbreiten. Es kann aber auch sehr sinnvoll sein, dass Sie nur Grundlagen erarbeiten und die Geschäftsleitung diese in einer Klausur verarbeitet. Sie wird die Resultate so eher akzeptieren. Die Frage ist dann allerdings, welches Ihr Beitrag zur Lösung ist. Er liegt in dem Fall nicht bei den Inhalten, sondern eher bei der konzeptionellen Gestaltung des Workshops. Die Checkliste im Anhang dieses Buches kann ein erster Einstieg sein, um einen guten Workshop zu gestalten. Vermutlich werden Sie aber spezifische Fachliteratur hinzuziehen wollen. Es kann anschliessend wieder Sinn machen, dass Sie die Resultate dieses Workshops selbstständig weiterverarbeiten.

Entscheidungsrelevanz
Eine andere Art der Abgrenzung ergibt sich, wenn es darum geht, einen Entscheid fällen zu können. Dann ist alles, was für das Fällen des Entscheides nicht nötig ist, ausgeschlossen. Geht es um einen Eintretensentscheid auf einen Projektvorschlag, ist Ihre Arbeit vielleicht eine «Machbarkeitsstudie». Oder es geht in einer mittleren Phase eines Projekts um den nächsten «Meilenstein», und Sie wollen aufzeigen, welche Varianten es gibt und welche davon die beste ist. Dann wäre alles, was für den Variantenentscheid relevant ist, eingeschlossen und alles Übrige ausgeschlossen.

> ▶ Eine gute Abgrenzung ist bei praktischen Problemen sehr wichtig.
>
> ▶ Grenzen Sie Ihr System mit plausiblen Annahmen ab, die Sie mit Ihrer Betreuungsperson besprechen.
>
> ▶ Entscheiden Sie, ob Sie andere Personen im Rahmen von Workshops miteinbeziehen wollen.
>
> ▶ Überlegen Sie, ob Ihre Arbeit mit dem Kriterium Entscheidungsrelevanz abgegrenzt werden kann.

29 Vorgehen bei der Lösung praktischer Probleme

Lösungen komplexer Probleme durchlaufen grundsätzlich folgende Phasen:

Phasen bei der Problemlösung	
1. Wahrnehmung	Das Problem wird erkannt. Als Problem gilt jede heutige oder künftige Abweichung des Ist-Zustandes von einem Soll-Zustand.
2. Situationsanalyse und Problemdefinition	Die wichtigen Elemente der Problemsituation werden gesammelt, dargestellt und analysiert. Dies dient dem Ziel, das Problem wirklich zu verstehen und genau sagen zu können, was das «eigentliche» Problem ist. Wird diese Phase übersprungen, ist in komplexen Situationen die Wahrscheinlichkeit gross, dass alles Folgende nur der Symptombekämpfung dient.
3. Zieldefinition	Erst jetzt wird eine detaillierte Zieldefinition vorgenommen. Natürlich können Ziele auf der Symptomebene schon früher festgelegt werden, beispielsweise: «Die Abteilung muss wieder schwarze Zahlen schreiben.» Fundiertere Ziele können aber erst jetzt gesetzt werden wie: «Die Produktpalette ist auf die Marktsituation masszuschneidern.» Oder: «Wir geben uns eine neue Organisationsstruktur.» Zudem sind die Ziele detaillierter festzulegen mit der Unterscheidung von Muss- und Kann-Zielen und mit der Gewichtung von einzelnen Zieldimensionen.
4. Lösungserarbeitung	Wenn es nun darum geht, Lösungen zu entwickeln, ist es zentral, dass verschiedene Lösungsvarianten erarbeitet werden. Nur im Kontrast mit den Alternativen kann man eine Lösung beurteilen.
5. Bewertung	Nun werden die Bewertungskriterien, welche in der Zielsetzung entwickelt worden sind, auf die konkreten Lösungsvarianten angewendet. Daraus folgt eine Empfehlung für die Lösung.

Phasen bei der Problemlösung (Fortsetzung)	
6. Umsetzungs-planung	Es wird systematisch überlegt, was zu tun ist, damit die gefundene Lösung umgesetzt werden kann. Bei einer Reorganisation sind möglicherweise folgende Themen abzudecken: Konzept für die Kommunikation und Information, Verfahren zur Besetzung der Stellen, Erheben und Abdecken des Schulungsbedarfs der Mitarbeitenden, Anpassen der Infrastruktur an die neuen Anforderungen.
7. Umsetzung	Die Umsetzungsplanung wird nun umgesetzt. Dabei stösst man immer auf Unvorhergesehenes. Dies und der Umgang damit sind zu dokumentieren und gedanklich kritisch zu prüfen. Es erfolgt meistens die Übergabe des Projektes in eine ständige Aufgabe des Unterhalts, welche ebenfalls noch geplant sein will.
8. Evaluation und Nachbesserung	Die Evaluation kann sachlogisch erst nach der Umsetzung stattfinden. Ob eine Reorganisation ein Erfolg war, wird man erst einige Monate nach Abschluss des Projektes feststellen können. Da eine Reorganisation ohnehin nicht rückgängig gemacht werden kann, ist für Praktiker eine «endgültige» Evaluation meist überflüssig. Sinnvoller ist es deshalb, nach jedem der genannten Schritte eine Evaluation vorzunehmen.

Dieser Prozess sollte in Ihrer Arbeit ersichtlich sein. Hat er sich in Ihrem Fall nicht so und in dieser Reihenfolge abgespielt, dann ist das kein Problem. Wichtig ist zu zeigen, dass Sie Abweichungen bemerken und begründen. Bei starken Abweichungen ist es ratsam, darüber nachzudenken, was diese Abweichungen für Auswirkungen haben könnten, und diese Überlegungen zu notieren.

Am besten beschaffen Sie sich ein Buch über Projektmanagement oder über Problemlösungsmethodik (beachten Sie die Empfehlungen am Ende dieses Buches). Dort sind diese Phasen ausführlicher beschrieben. Dann beschreiben Sie Ihre Problemlösung im Rahmen dieses (oder eines vergleichbaren) Schemas.

- ▶ Verwenden Sie ein Problemlösungsschema für die Strukturierung einer praktischen Arbeit.
- ▶ Messen Sie der Problemdefinition ein angemessenes Gewicht zu.

Beachten Sie die Checklisten «Dokumentenanalyse» und «Konzept» im Anhang und im Bookshelf.

30 Instrumente und Ebenen

Sicher sind Sie gut beraten, die Instrumente und Techniken, die Sie im Laufe Ihres Studiums kennen gelernt haben, in Ihrer Arbeit einzusetzen. Allerdings ist immer gut durchdachter Einsatz nötig. Genau so, wie Sie sich bei einem Fragebogen die möglichen Auswirkungen der Fragestellung auf das Resultat überlegen, so bewerten Sie kurz die Instrumente, die Sie für eine praktische Problemlösung einsetzen. Diese Bewertung kann sich an folgenden Fragen orientieren:

- Welche anderen Instrumente stehen auch noch zur Verfügung? Warum haben Sie diese nicht gewählt?
- Was kann dieses Instrument, was nicht?
- Inwiefern hat die Verwendung dieses Instruments meine Problemlösung beeinflusst?

Eine Gefahr beim Lösen von praktischen Problemen besteht darin, dass man sie zu einseitig angeht. Die meisten Probleme haben eine technische und eine psychologische Seite. Sie weisen theoretisch wünschbare und praktisch machbare Aspekte auf. Zeigen Sie, dass Sie in diesen Kategorien denken und Ihre Lösung danach ausrichten. Kategorien, in denen Sie über praktische Probleme nachdenken können, sind zum Beispiel folgende:

- technische vs. psychologische Aspekte
- Planung vs. Umsetzung
- entscheiden vs. ausführen
- strategisch vs. operativ
- wünschbar vs. machbar
- Fehler schnell beheben vs. Fehler gar nicht erst machen
- strukturelle vs. personelle Probleme

- Symptom vs. Ursache (vs. Ursache der Ursache …)
- sinnvoll vs. machbar

Wenn Sie nun noch die Wahl Ihrer Instrumente vor dem Hintergrund einer solchen Betrachtung begründen, dann machen Sie Ihre Arbeit wirklich «nach Lehrbuch».

> ▶ Schreiben Sie auch über Ihre Gedanken zur Wahl Ihrer Instrumente und zum Prozess ihrer Anwendung.
>
> ▶ Formulieren Sie, wie Sie das Problem systematisch auf verschiedenen Ebenen angehen.

Die praktische Arbeit

31 Partnerfirma einbinden

Eine praktische Arbeit ist oft nur deshalb durchführbar, weil eine Firma die Studierenden unterstützt. Es kann auch eine öffentliche Institution oder eine Non-Profit-Organisation sein. Soll beispielsweise ein Marketingkonzept für ein neues Produkt entworfen werden, so muss die Firma spezifische Informationen zur Verfügung stellen, die sonst wohl kaum zugänglich wären. Wenn es vom Inhalt her Sinn macht, dann ist es meist auch sehr lohnend, eine solche Firma an der Hand zu haben. Andererseits ist es oft aufwendig, eine solche zu finden. Wer will da noch kritische Überlegungen anstellen, wenn eine zusagt? – Leider kommt es bei der Zusammenarbeit mit solchen Partnerfirmen immer wieder zu Problemen.

- Stellen Sie sich vor, Sie treffen im Urlaub einen Computerspezialisten, der in der gleichen Stadt wohnt wie Sie. Als Sie ihm von einem Problem mit Ihrem Computer erzählen, gibt er Ihnen eine Internetadresse und sagt: «Lade das Programm herunter und installiere es. Damit ist dein Problem gelöst. Wenn du damit nicht klarkommst, dann komme ich mal schnell bei dir vorbei und zeig dir, wie's geht.» Nach den Ferien befolgen Sie die erhaltenen Anweisungen – aber jetzt können Sie den Computer nicht einmal mehr aufstarten. Als wie gross schätzen Sie nun Ihre Chancen ein, dass Ihr Ferienfreund innert 24 Stunden bei Ihnen vorbeikommt?

Die Beziehung zu einer Firma, für die Sie eine Arbeit schreiben, ist oft eine ähnliche wie im obigen Beispiel: Für Sie steht unheimlich viel mehr auf dem Spiel. Deshalb ist es sinnvoll, die Beziehung genauer zu prüfen:

Die praktische Arbeit

Gute Beziehung zur Partnerfirma	
Interesse der Firma	Die Firma hat ein echtes Interesse an Ihrer Arbeit. Sie sagt die Unterstützung nicht einfach nur aus einem grundsätzlichen oder sozialen Engagement zu.
Mächtige, kompetente und motivierte Ansprechperson	Sie erhalten die Zusage zur Unterstützung nicht nur von einem Chef, der dann Ihre Unterstützung irgendwie delegiert, sondern (auch) genau von derjenigen Person, die Sie im Einzelfall konkret unterstützen wird.
Klare Abmachung	Sie haben sich darauf verständigt, was Sie von der Firma brauchen und was die Firma von Ihnen erwarten darf.

Eine schriftliche Abmachung hilft, damit Ihr Anliegen ernst genommen wird und es keine Missverständnisse gibt. Folgende Elemente sollten in einer solchen Abmachung enthalten sein:

Abmachung mit Partnerfirma	
Abschnitte	**Inhalte**
Parteien	Adresse, Telefon und E-Mail der Firma (Auftraggeberin), der Kontaktpersonen und von Ihnen (Auftragnehmer).
Ausgangslage	Situation, die es sinnvoll macht, dass Sie diese Arbeit in Zusammenarbeit mit der Firma schreiben.
Ziele	Das wollen Sie erreichen. Die Ziele sollten für die Firma auch attraktiv sein.
Abgrenzung	Das machen Sie nicht.
Unterstützung	Sie nennen Bezugspersonen und definieren möglichst genau, was sie von diesen erwarten: Welche Informationen sollen wie, zu welchem Thema zur Verfügung gestellt werden? Wie oft sollten die Ansprechpartner sich Zeit nehmen? Erhalten Sie einen Arbeitsplatz?
Entschädigung	Werden Sie finanziell entschädigt?
Auftragsbedingungen seitens Auftraggeber	Vertraulichkeit und eventuell weitere Bedingungen.
Rahmenbedingungen seitens Ihrer Schule	Start- und Endtermin, erwartete Leistung in Arbeitsstunden, Präsentationstermin, einzureichende Exemplare, Copyright.

Die weitaus häufigste Problemquelle haben Sie mit einer solchen Abmachung beseitigt: nämlich, dass Sie und Ihre Partnerfirma mit ganz unterschiedlichen Vorstellungen starten. Natürlich können Sie Pech haben: Die Firma geht Konkurs, sie wird von einer anderen Firma übernommen, Ihre Ansprechperson wird krank oder gar fristlos entlassen ... Dagegen gibt es kein Mittel. Aber da brauchen Sie sich auch nichts vorzuwerfen. Sie dürfen dann auf Ihre Betreuungsperson zurückgreifen und – ohne Notenabzug – tatkräftige Hilfe erwarten.

> ▶ Für Sie steht sehr viel mehr auf dem Spiel als für Ihre Partnerfirma.
>
> ▶ Vereinbaren Sie schriftlich, was Sie von der Firma erwarten dürfen und umgekehrt.

32 Persönliches Fazit

Dem persönlichen Fazit kommt in einer praktischen Arbeit eine etwas grössere Bedeutung zu. Hier können Sie darlegen, was Sie persönlich aus dem Problemlösungsprozess gelernt haben, was Sie heute anders machen würden, was für Sie wertvoll und lehrreich war. Da Ihre Arbeit auch zu Ihrer Ausbildung gehört, darf da ruhig etwas mehr stehen als ein paar Floskeln. Nicht selten empfinden Personen, die solche Arbeiten beurteilen, es als besonders wichtig, dass eine persönliche Auseinandersetzung stattgefunden hat. Das lässt sich zwar zwischen den Zeilen in der Arbeit meist auch erkennen, aber es ist angemessen, Ihre persönlichen Schlüsse festzuhalten.

Bei Gruppenarbeiten wird oft verlangt, dass der Gruppenprozess reflektiert, also kritisch überdacht und kommentiert wird. Nur sehr allgemein ist dabei die Frage zu beantworten, wer was wann gemacht hat. Vielmehr geht es darum, die Formen der Zusammenarbeit darzustellen, Missverständnisse, Spannungen und deren Auswirkungen zu notieren, wie auch die gefundenen Lösungen und getroffenen Massnahmen. Diese Aufgabe stellt sicher, dass die Gruppe sich schon während der Arbeit Gedanken über ihr Funktionieren macht. In manchen Fällen war diese Aufgabe der Rettungsanker für die gesamte Arbeit. Die Reflexion des Gruppenprozesses ist also selbst dann zu empfehlen, wenn sie nicht verlangt wird und nicht direkt in die Note eingeht.

▶ Geben Sie an, was Sie persönlich aus der Arbeit gelernt haben.

▶ Bei Gruppenarbeiten: Denken Sie laufend über den Gruppenprozess nach.

VII Wie packe ich die Arbeit an?

Das Schreiben einer Arbeit stellt einen zuweilen vor praktische Probleme. Auch wenn diese meist nicht von umwerfender Bedeutung sind, müssen sie doch gelöst werden.

Dieses Kapitel bietet Ihnen Folgendes:

- ▶ Sie erhalten eine Vorstellung von der nötigen Arbeitsplanung.
- ▶ Sie können Ihre Arbeit gut strukturieren.
- ▶ Sie wissen, wie Ihr Computer Sie bei Ihrer Arbeit unterstützen kann.
- ▶ Sie wissen, welche formalen Fragen bei der Arbeit von Bedeutung sind und wie Sie diese angehen können.
- ▶ Sie können sich auf ein Gespräch mit Ihrer Betreuungsperson optimal vorbereiten.

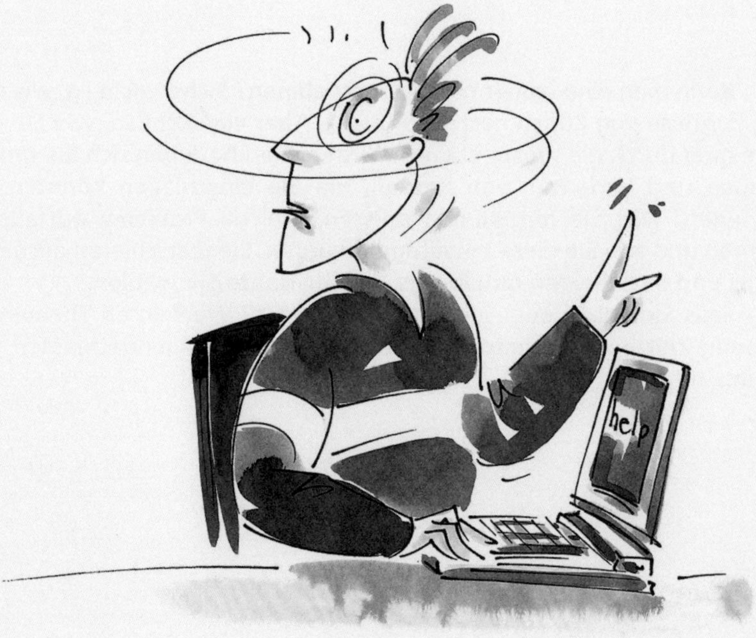
help

33 Arbeitsplanung – Die Arbeit hat schon begonnen!

Kann man eine studentische Arbeit planen? Sicher nicht so, wie man eine Zugreise von Zürich nach Bern plant. Aber vielleicht so, wie Sie eine Reise quer durch die Wüste planen würden: Sie überlegen sich die groben Etappen und Varianten von Routen, die Sie einschlagen könnten. Sie überlegen, was Sie mitnehmen müssen, welche Probleme auftauchen könnten und wie Sie diese bewältigen würden. Sie marschieren ausgerüstet los und entscheiden unterwegs, welche Route Sie wählen.

Falls Sie das Thema selbst wählen und 12 Wochen ab Themeneinreichung Zeit haben, könnte Ihre Arbeitsplanung folgendermassen aussehen:

Vorschlag für einen Zeitplan			
Phase	**Schritt**	**Zeitbedarf** (in Tagen)	**Woche**
Themenanalyse	1. Thema finden	4 × ½	–10 bis –4
	2. Fragestellung finden und eingrenzen	4 × ½	–4 bis 0
	3. Kapitel-Grobstruktur und Forschungsdesign festlegen	4 × ½	0 bis 3
	4. Realisierbarkeit prüfen	½	–3 bis 3
Literatursuche	5. Literatur gezielt suchen	4 × ½	0 bis 3
	6. Literatur lesen und strukturieren	6 × ½	0 bis 5
Eigentliche Arbeit	7. Fragestellung bearbeiten gemäss dem gewählten Forschungsdesign		4 bis 10
Reflexion	8. «Zwischenhalt»	½	6
Schreiben	9. Text verfassen	10 × ½	7 bis 11
	10. Layout/Redaktion	3	11
	11. Korrekturlesen (lassen)	½	11
	12. Ausdrucken und binden	½	11
Reserve			12

Leider gibt es mit dieser Liste drei Probleme:

Erstens – und das ist das kleinste Problem – müssen Sie die Liste Ihrem Thema anpassen. Sobald Sie dies versuchen, stossen Sie auf das zweite Problem: Die Zeitschätzungen, die Sie hier machen, sind äusserst spekulativ. Hätten Sie schon fünf oder sieben solche Arbeiten geschrieben, dann könnten Sie die Zeitschätzungen vielleicht aus dem Ärmel schütteln. Aber das trifft ja kaum zu. Wenn Sie sich nun ins Rennen wagen, stossen Sie auf das dritte Problem: Die Reihenfolge können Sie nicht schön nach Schulbuch einhalten. Warum nicht? Weil Sie vielleicht schon Literatur suchen müssen, um auf eine geeignete Fragestellung zu kommen. Weil Sie eine Methodik brauchen, um abzuschätzen, ob Ihre Fragestellung realisierbar ist. Weil Sie bereits mit Schreiben beginnen müssen um festzustellen, wo genau Ihnen noch Literatur fehlt. Kurz, Sie müssen «iterativ» arbeiten. Das macht die Sache nicht einfacher, aber immerhin klingt es professionell. Sachlich bedeu-

Wie packe ich die Arbeit an?

tet es nichts anderes als das, was eben beschrieben wurde: Sie springen von einer Aufgabenstellung zur anderen und manchmal wieder zurück, je nach Bedarf.

Lohnt es sich dann noch, überhaupt zu planen? Die Antwort ist: Ja. Die Planung bringt Ihnen nicht wie bei der Zugreise von Zürich nach Bern eine Abfolge der Zwischenstationen (Lenzburg, Aarau, Olten), sondern drei andere, aber eben ganz wichtige Punkte:

- **Orientierung:** Sie wissen, bei welchem Schritt Sie sich gerade befinden, wählen Ihre iterativen Sprünge bewusst und verlieren dadurch nicht die Orientierung.
- **Rollende Ressourcenplanung:** Unterwegs kommt es immer wieder zu unvorhergesehenen Änderungen des Terminplans. Deren Auswirkungen können Sie klar erkennen, indem Sie den bisherigen mit dem überarbeiteten Plan vergleichen. Dies hilft Ihnen beim Prioritätensetzen.
- **Dringlichkeitsgefühl:** Sie erkennen, wie viele Aufgaben auf Sie zukommen, die Sie nicht recht einschätzen können, und vermeiden daher die Falle, die Aufgabe zu unterschätzen und daher den Start zu lange hinauszuzögern.

▶ Planen Sie Ihre Arbeit – auch wenn Sie wissen, dass Sie sich nicht genau an den Plan halten werden.

▶ Verwenden Sie das Zeitplanungsformular zu diesem Buch. Sie finden es im Bookshelf → siehe digitale Begleitmaterialien vorne im Buch.

34 Begriffe klären

Waren Sie auch schon einkaufen mit einer Einkaufsliste, die Sie nicht selbst geschrieben haben? Da steht vielleicht: Tiefgekühlter Spinat. Eigentlich ein völlig klarer Begriff, aber soll er gehackt sein oder nicht? Mit oder ohne beigemischten Rahm? Je heikler die Personen in Ihrem Haushalt sind, desto unangenehmer ist Ihre Situation. Ausser Sie können die Person per Handy erreichen.

Einer der ersten Schritte, die Sie unternehmen sollten, wenn Sie mit Ihrer Arbeit anfangen, ist das Klären der wesentlichen Begriffe. Das sind in erster Linie alle Begriffe, die im Titel Ihrer Arbeit vorkommen. Ihr Titel lautet beispielsweise: «Ist Kreativität fusionierbar? Warum Architekten trotz allgemeinem Fusionierungstrend ihre Eigenständigkeit behalten.» Dann müssen Sie klären, was Sie unter Kreativität und Fusionen verstehen und wodurch sich die Architektenbranche besonders auszeichnet. Lautet Ihr Titel: «Die Auswirkungen des Frauenstimmrechts auf die Politik in der Schweiz», dann müssen Sie definieren, was Frauenstimmrecht und Politik bedeuten. Bloss, was Schweiz bedeutet, können Sie sich hier vermutlich schenken.

In einer Dissertation kann locker ein Fünftel der Arbeit darin bestehen, die verschiedenen Begriffsverwendungen in der Literatur aufzuzählen, zu vergleichen und dann eine eigene Definition für die weitere Arbeit zu entwickeln. In einer Bachelor- oder Masterarbeit sollten Sie Begriffsklärungen sehr kurz halten, aber nicht ganz weglassen.

▶ Definieren Sie die wichtigsten Begriffe kurz.

Wie packe ich die Arbeit an?

35 Die Arbeit strukturieren

Zunächst ist das Strukturieren nicht schwer. Machen Sie es einfach gemäss folgendem Grundschema.

Grundschema der Strukturierung		
Kapitel	**Kommentar**	**Anzahl Seiten**
Inhaltsverzeichnis	Gestalten Sie es übersichtlich und verwenden Sie höchstens drei Kapitelebenen. Tipp: Falls Ihr Inhaltsverzeichnis mehr als 3 Seiten beansprucht, geben Sie auf einer Seite eine weniger detaillierte Inhaltsübersicht.	1–3
Management Summary/ Abstract	Es ist eine Seite lang. Es nimmt zur Frage Stellung: Warum haben Sie was, wie untersucht und mit welchem Resultat? (Checkliste im Anhang) Anzusprechen sind also vier Punkte: (1) Motivation/Grund für die Arbeit (2) Fragestellung/Zielsetzung (3) Resultate (4) Methodik	1–2
1. Ausgangslage/ Einleitung	Warum machen Sie diese Arbeit? In welchen Kontext reiht sie sich ein?	1–3

Grundschema der Strukturierung (Fortsetzung)		
Kapitel	**Kommentar**	**Anzahl Seiten**
2. Fragestellung	Hier nehmen Sie zu vier Punkten Stellung: (1) Forschungsinteresse: Was wollen Sie untersuchen? (2) Zielsetzung: Was wollen Sie genau erreichen? (Checkliste im Anhang) (3) Abgrenzung: Was schliessen Sie von Ihrer Untersuchung aus? Warum? (4) Methodik: Wie gehen Sie vor? Warum so? Eventuell Kommentierung der Struktur der weiteren Arbeit. Sie können diese vier Punkte als Unterabschnitte präsentieren. Die Untergliederung kann aber auch einfacher sein.	2–4
3. Begriffsklärung	Dieser Abschnitt muss nicht wörtlich so heissen. Wählen Sie, wenn möglich, einen inhaltlich aussagekräftigeren Titel. Halten Sie die Begriffsklärung kurz.	Wenige
4. Problembearbeitung	Auch dieser Abschnitt wird, wenn möglich, anders betitelt; je nachdem, wie Ihre Untersuchungsmethode aussieht.	?
5. Schlussfolgerung und Ausblick	Ziehen Sie ein Fazit aus Ihrer Arbeit und überlegen Sie die Konsequenzen. Oft sind Anstösse zu weiteren Fragen und Untersuchungen angebracht.	2–3
6. Nachwort	Ist nur angebracht, wenn im Laufe der Arbeit Erwähnenswertes passiert ist. Allenfalls kann dieser Abschnitt auch als Vorwort, vor der Einleitung, platziert werden.	(1)
7. Erklärung	Erklärung, dass Sie selbstständig gearbeitet und Quellen als solche gekennzeichnet haben. Mit eigenhändiger Unterschrift und Datum versehen.	1
8. Quellenverzeichnis	Listen Sie alle verwendeten Bücher, Artikel aus Fachzeitschriften, Zeitungsartikel usw. auf. Sie können den Abschnitt beispielsweise in «Literaturverzeichnis» und «Interviewverzeichnis» gliedern, falls Sie Interviews geführt haben. Im Letzteren geben Sie an, wen Sie wann wie lange interviewt haben.	?
9. Anhang	Material, das nicht für das allgemeine Verständnis notwendig ist, aber besondere Details belegt. Auf jedes Dokument im Anhang sollte im Rahmen Ihrer Arbeit ein Verweis sein – sonst lassen Sie es besser weg.	?

Wie packe ich die Arbeit an?

Mit diesem Grundschema fahren Sie grundsätzlich gut. Jetzt stellt sich nur noch die Frage, wie Sie den Abschnitt «Problembearbeitung» strukturieren.

Das hängt natürlich von Ihrer Methode ab. Wenn Sie Mühe haben, diesen Teil zu strukturieren, dann sollten Sie sich über Ihre Methode Gedanken machen. Wenn Sie nämlich wissen, wie Sie vorgehen, dürfte Ihnen die Strukturierung nicht schwer fallen. Sie können aber auch probieren, sich dem Thema Methode über die Struktur zu nähern. Wenn Sie das tun, behalten Sie im Kopf: Ihr Problem bezieht sich im Grunde auf die Methodik, nicht auf die Strukturierung.

Übrigens: Nennen Sie den Abschnitt «Problembearbeitung» nicht wörtlich so. Finden Sie einen passenderen Titel, der sich auf den Inhalt Ihrer Arbeit bezieht.

Auf eine generelle Frage der Strukturierung könnten Sie aber stossen: Sollen Sie zuerst alle Resultate präsentieren und sie anschliessend in einem separaten Abschnitt interpretieren? Oder sollen Sie die Resultate häppchenweise vorlegen und immer gleich eine Interpretation mitliefern? – Für Logiker ist die erste Variante am einleuchtendsten: Der Fragebogen – die Resultate – die Interpretation. Die Nachvollziehbarkeit ist hier aber das Entscheidungskriterium. Wer erinnert sich am Schluss noch an die genauen Zahlen vom Anfang, welche nun interpretiert werden? Meistens können Sie die Nachvollziehbarkeit besser gewährleisten, indem Sie Päckchen von Resultaten und Interpretationen schnüren, welche eine vernünftige, verarbeitbare Grösse aufweisen.

> ▶ Strukturieren Sie Ihre Arbeit gemäss dem Grundschema.
> ▶ Weichen Sie vom Grundschema ab, wo es dazu gute Gründe gibt.
> ▶ Strukturieren Sie den Abschnitt «Problembearbeitung» bezogen auf Ihre Methode.
> ▶ Schnüren Sie bearbeitbare Päckchen aus Resultaten und Interpretationen.
> ▶ Besprechen Sie die Struktur, wenn möglich, mit der Betreuungsperson.

Beachten Sie die Checklisten «Zielsetzung» und «Management Summary» im Anhang und im Bookshelf.

36 Grafiken und Tabellen einsetzen

Mit Statistik kann man bekanntlich fast alles Beliebige nachweisen. Die Art der Darstellung von Zahlen spielt dabei eine wichtige Rolle.

Die gestalterischen Grundlagen der Arbeit mit Tabellen und Grafiken sind meist selbstverständlich, weil wir ja alle selbst als Leserinnen und Leser von Büchern vorgeführt erhalten haben, wie man es richtig macht. Folgende Zutaten braucht es dazu:

1. Aussagekräftiger Titel
2. Legende unmittelbar bei der Darstellung
3. Quellenangabe
4. Angemessene Darstellung mit einer klaren Aussage
5. Kommentierung im Text

Es ist eigentlich selbstverständlich, dass man einen passenden Titel wählt und, falls nötig, die Grafik in einer Legende erläutert. Fehler passieren hier meist nur unter Zeitdruck. Wenn Sie eine gute Arbeitsplanung machen – und davon gehe ich aus –, kann hier nicht viel schief gehen. Die anderen Punkte verdienen jedoch einen kurzen Kommentar.

Legende unmittelbar bei der Darstellung
Damit die Lesenden nachvollziehen können, was bestimmte Säulen, Kuchenstücke, Punkte und Linien in Ihrer Darstellung bedeuten, ist oft eine Erklärung nötig. Diese muss sich direkt bei der Darstellung befinden. Es wäre eine Zumutung für die Lesenden, wenn sie erst im Text oder im Anhang herumblättern müssten um herauszufinden, was die einzelnen grafischen Elemente bedeuten.

Wie packe ich die Arbeit an?

Die Legende kann entweder in der Grafik integriert sein, wie dies das Programm Excel auf Wunsch automatisch erzeugt. Oder sie kann unterhalb der Grafik vor der Quellenangabe stehen.

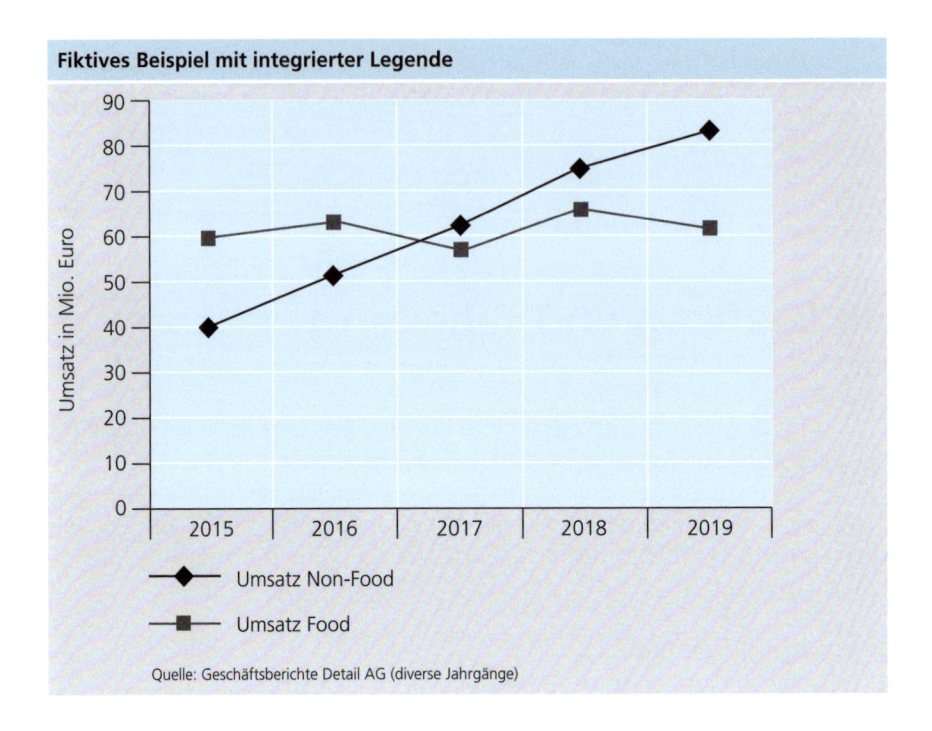

Fiktives Beispiel mit integrierter Legende

◆ Umsatz Non-Food
■ Umsatz Food

Quelle: Geschäftsberichte Detail AG (diverse Jahrgänge)

Quellenangabe
Am einfachsten machen Sie es so: Versehen Sie jede Grafik oder Tabelle mit Quellenangaben. Wie Sie dies genau tun, sehen Sie in der folgenden Tabelle. Selbstverständlich zeichnen Sie die ausführlichen Angaben im Quellenverzeichnis auf.

Quellen angeben	
Das haben Sie gemacht	**So geben Sie die Quellen an**
Die Grafik/Tabelle ist aus einem Buch übernommen. Die Autorin des Buches heisst Maya Muster.	Quelle: Muster (2020, S. 7)
Die Grafik/Tabelle ist zwar übernommen, aber auch etwas abgeändert.	Quelle: in Anlehnung an Muster (2020, S. 7)
Für die Darstellung wurden Berechnungen angestellt, welche auf Daten einer Quelle basieren. Beispielsweise zeigen Sie Prozentsätze auf der Basis von absoluten Zahlen in der Quelle.	Quelle: Muster (2020, S. 7) und eigene Berechnungen
Die Daten stammen aus einer Quelle, aber Sie haben sie neu dargestellt. Beispielsweise zeigen Sie ein Säulendiagramm, wo die Quelle nur eine Tabelle mit Zahlen beinhaltet.	Quelle: basierend auf Muster (2020, S. 7)
Die zugrunde liegenden Daten wurden vom Autor bzw. der Autorin erhoben. Zwangsläufig haben Sie diese auch selbst dargestellt.	Quelle: eigene Darstellung

Wenn Sie keine Angaben machen, so dürfen die Lesenden davon ausgehen, dass die Darstellung von Ihnen stammt. Die obige Tabelle habe ich also selbst erstellt, wie auch alle übrigen Darstellungen ohne Quellenverweis in diesem Buch.

Angemessene Darstellung mit einer klaren Aussage
Diesen Aspekt könnte man leicht unterschätzen. Es stecken nämlich einige Punkte drin:

- Die Darstellung ist dem Sachverhalt angemessen, den sie abbildet.
- Es gibt tatsächlich eine Aussage.
- Es ist eine Aussage und nicht sieben oder zwanzig.
- Und diese ist erst noch klar.

Wenn Sie beispielsweise «Prozent der Zustimmungen bzw. Ablehnungen» zu einer Frage darstellen, dann ist ein Kuchendiagramm angemessen. Sobald aber beispielsweise Hobbys abgefragt werden, wo natürlich Mehrfachnennungen möglich sind, passt das Kuchendiagramm nicht, da ist ein Säulendiagramm angebracht. Wählen Sie also eine Darstellungsform, die zum Inhalt passt. Eine Vereinheitlichung aller Grafiken kann nicht das Ziel sein.

Überlegen Sie sich: Was lese ich aus dieser Grafik? Was soll mein Publikum aus der Grafik lesen? – Das ist Ihre Aussage. Wählen Sie die Darstellung im Rahmen dessen, was angemessen ist, so, dass diese Aussage möglichst einfach ersichtlich wird.

Wenn Sie Mühe haben, eine Aussage auszumachen, dann konsultieren Sie den Abschnitt über Argumentation. Falls Sie nicht fündig werden, dann erwägen Sie, die Grafik wegzulassen.

Oft wird versucht, mit möglichst wenig Grafiken auszukommen: Eine einzige Grafik wird mit fünf verschiedenfarbigen Säulenreihen zu je neun Säulen ausgestattet. Womöglich wird noch eine dreidimensionale Darstellung gewählt, weil das «schön» aussieht, obgleich es das Auge eher verwirrt. So entsteht kaum eine klar ersichtliche Aussage. Wenn man aus einem Datensatz Verschiedenes herauslesen soll, dann verwenden Sie verschiedene Darstellungen der gleichen Daten. Am besten eine Darstellung pro Aussage. Wenn Sie es trotzdem nicht lassen können, beherzigen Sie wenigstens die Faustregel: höchstens drei Aussagen pro Grafik.

Kommentierung im Text

Wenn Sie wissen, was Sie aussagen wollen, dann müssen Sie das jetzt nur noch tun. Kleinigkeit? Denken Sie daran, neben Ihrer Aussage auch alle wesentlichen Details und Auffälligkeiten zu kommentieren, selbst wenn sie nicht direkt im Zusammenhang mit Ihrer Argumentation stehen. Den Lesenden werden Fragen, die Sie sich stellen, sicher auch nicht entgehen. Sie wollen doch Ihr Publikum nicht mit lauter Fragezeichen im Kopf weiterlesen lassen? Wenn Ihnen keine Antwort auf eine Auffälligkeit einfällt, dann schreiben Sie lieber genau das, statt zu hoffen, dass keiner etwas merkt.

▶ Jede Darstellung wird mit Titel, Legende und Quellenhinweis versehen.

▶ Die Darstellung muss bezüglich ihrer Form dem Inhalt angemessen sein.

▶ Jede Darstellung soll eine Aussage beinhalten, die daraus klar ersichtlich wird.

▶ Diese Aussage ist im Text zu erläutern – zusammen mit allen übrigen Auffälligkeiten.

37 Den Computer nutzen

«Wir nutzen nur 10 Prozent unseres geistigen Potenzials!» So oder ähnlich wird Albert Einstein oft zitiert – leider kaum je auf wissenschaftliche Art, was eine Überprüfung verunmöglicht. Ebenso schlecht abgesichert, aber ähnlich einleuchtend ist die Aussage: Wir nutzen höchstens 10 Prozent der Funktionen unserer Software. Hoffentlich sind es die richtigen 10 Prozent – diejenigen, mit denen wir 90 Prozent der Arbeit erledigen können!

Es kann hier nicht darum gehen, Ihnen eine Bedienungsanleitung für Ihre Software zu geben. Aber zwei Hürden möchte ich doch kommentieren: Das Layout und die wichtigsten Funktionen.

Das **Layout** bestimmt das generelle Aussehen einer Textseite. Zum Layout gehören u. a. folgende Informationen:

- Seitenränder (oben, unten, links, rechts)
- Schrifttyp und Schriftgrösse des Textes, der Titel und Untertitel
- Zeilenabstand im Text und nach Titeln und Untertiteln
- Kopf- und Fusszeile inkl. Seitennummerierung

Diese Informationen legen Sie einmal für Ihr Dokument fest. Das kann eine riesige Arbeit sein, wenn Sie damit von null anfangen. Letztlich sind nicht nur viele Werte festzulegen, deren Auswirkungen Ihnen vielleicht nicht klar sind, sondern diese Werte sind auch schön artig versteckt, weil man sie ja selten braucht. Viele der Einstellungen sind Geschmacksache, sie beeinflussen aber die Lesbarkeit. Eins ist jedoch sicher: Je weniger Sie später noch nachkorrigieren, desto besser. Die meisten Änderungen haben nämlich in einem Dokument von über 30 Seiten kaum überschaubare Auswirkungen.

Ich empfehle Ihnen: Laden Sie für Ihre Arbeit das im Bookshelf zur Verfügung stehende Layout herunter (siehe digitale Begleitmaterialien vorne im Buch).

Die **wichtigsten Textverarbeitungsfunktionen** sind in der Regel nicht arg versteckt. Aber Sie müssen wissen, dass es sie überhaupt gibt. Im Gegensatz zum Layout sind diese Funktionen nicht weitgehend Geschmackssache, sondern handfeste Arbeitserleichterungen. Folgende müssen Sie kennen und beherrschen:

1. Automatische Seitennummerierung
2. Automatische Kapitelnummerierung
3. Automatisches Inhaltsverzeichnis
4. Automatisches Tabellen- und Abbildungsverzeichnis
5. Automatische Fussnotennummerierung
6. Automatische Silbentrennung
7. Rechtschreibehilfe (im Sinne von Tippfehlererkennung und Grammatikprüfung)
8. Erstellen und Formatieren von Tabellen
9. Importieren, Erstellen und Formatieren von Grafiken
10. Seitenumbruch einfügen oder innerhalb eines bestimmten Abschnittes nicht zulassen
11. Sortieren von Einträgen in einer Liste

Sollten Sie die eine oder andere Funktion nicht kennen, so müssen Sie sich darum kümmern. Sie können einen versierten Kollegen fragen, ein Handbuch konsultieren, die Hilfefunktion Ihres Programms einsetzen oder einfach googeln. Egal, Hauptsache Sie sind vertraut mit diesen Funktionen, bevor Sie mit Ihrer Arbeit anfangen.

Dann noch etwas, wenn wir schon beim Computer sind. Word bietet unter «Verweise» eine gut ausgebaute Zitierfunktion. Wenn Sie ein Computer-Muffel sind, lassen Sie es sein, es geht auch ohne. Wenn Sie hingegen keine Computer-Aversionen haben, schauen Sie sich diese Funktion genauer an. Sie müssen zwar jede Quelle von Hand erfassen, dafür geht es nachher umso einfacher: Sie brauchen sich um Punkte, Kommas und Klammern nicht mehr zu kümmern. Wenn Sie gerne die technischen Möglichkeiten ausschöpfen, dann installieren Sie sich obendrein eines jener Programme, das Ihnen die Arbeit des Erfassens weitgehend abnimmt, jedenfalls für jene Fachartikel, die als PDF auf Ihrer Harddisk liegen. Solche Programme resp. Webdienste haben noch weit mehr rund ums Zitieren und Forschen zu bieten. Wenn Sie nach Mendley, Citavi, Zotero oder EndNote googeln, werden Sie fündig.

- Legen Sie Ihr Layout fest, bevor Sie mit Ihrer Arbeit beginnen. Nutzen Sie die im Bookshelf (siehe vorne im Buch) für Sie bereitgestellte Vorlage.
- Lernen Sie die wichtigsten Funktionen kennen, bevor Sie mit Ihrer Arbeit beginnen.

Wie packe ich die Arbeit an?

38 Betreuung beanspruchen

Ihre Abschlussarbeit sollen Sie grundsätzlich selbstständig verfassen. Es gibt aber immer Möglichkeiten, sich zulässige Unterstützung zu holen. Studieren Sie also die schriftliche Regelung, die an Ihrer Schule oder Universität gilt, und erkundigen Sie sich mündlich nach deren Handhabung (wie bereits in Kapitel 7 besprochen). Meistens gibt es eine Gelegenheit, eine Themenanalyse oder Disposition mit der Betreuungsperson der Arbeit oder mindestens mit einem Assistenten oder einer Assistentin zu besprechen. Das ist in der Regel die gleiche Person, die Ihre Arbeit schliesslich beurteilt. Sollte keine solche Unterstützung erlaubt sein, so können Sie sich immer noch mit anderen Studierenden zusammentun und sich gegenseitig betreuen. Das ist meines Wissens nirgends verboten.

Es gibt Arbeiten, die ohne eine solche Besprechung entstehen, bei anderen wiederum finden fünf oder mehr Betreuungssitzungen statt. Wann und wie oft sind Betreuungsgespräche sinnvoll?

Grundsätzlich gibt es drei Anlässe für ein Gespräch:

Wann ein Betreuungsgespräch?	
Phase	**Schwerpunkte des Gesprächs**
Anbahnung und Themenfindung	Ist das Thema grundsätzlich interessant? Wird die Person die Betreuungsrolle übernehmen? In welche Richtung ist das Thema entwicklungsfähig?
Themenanalyse und Kapiteleinteilung besprechen	Ist die Themenanalyse genügend ausgereift und die Kapiteleinteilung zweckmässig? Ist das Thema durchführbar? Welche Anregungen und Hilfestellungen kann die Betreuungsperson bieten?

Wann ein Betreuungsgespräch? (Fortsetzung)	
Phase	Schwerpunkte des Gesprächs
Bei Problemen und Unsicherheiten Entscheide fällen	Wie ist mit besonderen Situationen umzugehen, die während der laufenden Arbeit entstehen? (Bspw. die als Fallstudie gewählte Firma macht Konkurs.)

Oft findet ein Gespräch über die Themenfindung zwischen Tür und Angel statt. Empfehlenswert ist – sofern an Ihrer Schule zulässig – mindestens eine echte Sitzung durchzuführen, nämlich die, bei der Sie Ihre Themenanalyse und Kapiteleinteilung vorstellen.

Natürlich bemühen sich Betreuungspersonen, Ihre Arbeit rein sachlich zu beurteilen. Aber wir wissen, dass dies nicht immer gelingt. Sehen Sie also zu, dass Sie bei einer solchen Besprechung einen positiven Eindruck hinterlassen. Dies erreichen Sie nicht, indem Sie sich selbst als gescheiter darzustellen versuchen, als Sie sind, sondern indem Sie sich seriös vorbereiten, aufmerksam zuhören und mutig nachfragen, wo Ihnen etwas nicht klar ist.

Konkret empfehle ich Ihnen folgende Punkte:

- Präsentieren Sie offen und klar Ihre Unsicherheiten. Nur so können Sie das Gespräch als solches nutzen.
- Quittieren Sie die Ratschläge, die Sie von der Betreuungsperson erhalten, indem Sie ihre Voten zusammenfassen. Etwa so: «Sie finden es also zwingend, in diesem Abschnitt auch auf die Frage XY noch vertiefter einzugehen?» Oder so: «Wenn ich das einmal kurz zusammenfasse, dann bedeutet dies für meine Arbeit, dass …» Damit geben Sie Ihrem Betreuer Gelegenheit, seine Aussagen zu präzisieren.
- Falls Ihre Betreuungsperson inhaltliche Änderungen vorschlägt oder sogar solche verlangt, dann verfassen Sie schriftlich eine kurze Besprechungsnotiz. Diese stellen Sie umgehend der Betreuungsperson zu. Ein Missverständnis über einen wichtigen Punkt bei der Gestaltung Ihrer Arbeit können Sie damit ausschliessen. Bei massiven Kurskorrekturen sollten Sie den Inhalt der Besprechung sogar in der Arbeit an geeigneter Stelle erwähnen, beispielsweise in der Einleitung oder im Anhang.
- Präsentieren Sie Ihre Themenanalyse und allenfalls eine Kapiteleinteilung mit einer Schätzung, wie viele Seiten die einzelnen Kapitel erhalten werden. Dadurch gewinnen Sie Sicherheit, ohne sich etwas zu verbauen.

Natürlich: Eine engagierte Betreuungsperson, die Ihre Themenanalyse studiert hat, wird aufgrund der Themenanalyse die meisten wichtigen Fragen bereits selbst erkennen und sie Ihnen beantworten. Aber Betreuungspersonen sind oft vielbeschäftigte Menschen, welche auch anderes im Kopf haben; selten steht die intensive Betreuung in ihrer Prioritätenliste ganz oben. Deshalb folgt hier eine Checkliste mit Fragen. Sie können nie alle Fragen stellen, aber dafür sorgen, dass die wichtigsten zur Sprache kommen.

Checkliste für Fragen an die Betreuungsperson	
Fragenbereich	**Konkrete Fragen**
Thematik/Fragestellung	Ist das Thema interessant? Gibt es etwas her? Ist das bereits ein ausgetretener Trampelpfad?
Methodik und Durchführbarkeit	Ist meine Fragestellung mit dieser Methode beantwortbar? Ist die gewählte Methode durchführbar? Worauf ist bei der Durchführung der Methode speziell zu achten?
Abgrenzung	Finden Sie meine Fragestellung eher zu weit oder eher zu eng gefasst? Was könnte ich allenfalls weglassen? Was muss unbedingt in die Arbeit einbezogen werden?
Struktur und Seitenzahl	Ist die vorgeschlagene Kapitelstruktur mit den konkreten Schätzungen der Seitenzahlen sinnvoll?
Anforderungsniveau und Beurteilung	Was ist Ihnen bei dieser Arbeit besonders wichtig? Wovon hängt es ab, ob Sie diese Arbeit als gut oder weniger gut taxieren werden?
Literatur	Könnten Sie mir nützliche Einstiegsliteratur angeben? Wie beurteilen Sie meine bisherige Literaturliste?
Zitieren und Ich-Form	Legen Sie auf eine besondere Art der Zitierung wert? Was finden Sie besser: Ich-Formulierung oder unpersönliche Formulierung?

Manche Bewertungsraster sehen vor, für eine intensive Betreuung einen Notenabzug zu geben. Lassen Sie sich von einer solchen Regelung nicht abschrecken: Wenn Sie die Betreuung gut nutzen, käme Sie die Nichtinanspruchnahme der Betreuung massiv «teurer» zu stehen.

▶ Nehmen Sie die Möglichkeiten zur Betreuung in Anspruch.
▶ Bereiten Sie sich seriös auf diese Gespräche vor.

39 Formulieren

Ist Formulieren reine Geschmackssache? In weiten Teilen ja. Aber einige Punkte sollten Sie beachten:
- Saloppe Ausdrücke
- Ich-Form
- Leserführung

Saloppe Ausdrücke
Eigentlich könnte man denken, dass der folgende Tipp völlig überflüssig ist: Vermeiden Sie saloppe Ausdrücke. Aber solange ich Texte in Abschlussarbeiten antreffe wie diese hier, kann man den Tipp wohl nicht einfach weglassen:

- «Die rechtliche Abklärung des Sachverhalts wird aus dieser Untersuchung ausgeschlossen. Diese Arbeit überlasse ich den Juristen.»
- «Nun ja, aber das ist eine andere Geschichte.»

Ich-Form
Soll ich die Ich-Form verwenden? Oder ist es besser, eine neutrale Formulierung zu finden?

Leider gehen die Meinungen der Betreuungspersonen zum Teil weit auseinander. Während die einen eine Ich-Formulierung schlicht unprofessionell finden, ist für andere die unpersönliche Formulierung ein heimliches Verstecken der eigenen Person. Sehen Sie sich folgende Tabelle an:

In Ich-Form oder unpersönlich formulieren?		
	Ich-Form	**unpersönliche Form**
Inhaltsangaben	Ich werde zeigen, dass …	In diesem Artikel wird gezeigt, dass …
Vorgehensweisen	Ich habe anschliessend diese Personen befragt …	Anschliessend wurden diese Personen (vom Autor) befragt …
Folgerungen	Ich schliesse daraus, dass …	Daraus lässt sich ableiten, dass …
Unsicherheiten	Ich bin mir nicht sicher, ob …	Es ist unklar, ob …
Persönliche Stellungnahmen	Ich finde unfair, dass …	Aus der Perspektive der Fairness negativ zu beurteilen ist, dass …

Aus dieser Tabelle können Sie herauslesen, wie die beiden Arten der Formulierung auf Sie persönlich wirken. Am besten ist vermutlich, Sie sprechen die Person, welche Ihre Arbeit letztlich bewertet, auf ihre diesbezügliche Haltung an.

Im Zweifelsfall empfehle ich Ihnen, konsequent die unpersönliche Form zu verwenden, weil sie eine breite Akzeptanz hat. Wechseln Sie nur dann zur Ich-Form, wenn es dazu einen triftigen Grund gibt; beispielsweise im Nachwort, wo Sie persönliche Gedanken über Ihre Arbeit festhalten.

Unabhängig von Ihrer Wahl sollten Sie immer darauf achten, dass Sie ganz klar machen, was Fakten sind und was Ihre eigenen Interpretationen und Wertungen.

Leserführung
Zum Thema Leserführung habe ich an einer Veranstaltung über Abschlussarbeiten folgende Aussage gehört:

«Jeder Satz führt den Leser vom Titel bis zum Schluss auf dem direktesten nachvollziehbaren Weg.»[18]

Das ist eine taugliche Faustregel. Praktisch bedeutet sie: Alles, was für die Nachvollziehbarkeit nicht nötig ist, wird weggelassen – oder in den Anhang verschoben. Wenn man dies konsequent anwendet, könnte aber etwas Wichtiges vergessen gehen: die Leserführung. An Veranstaltungen über Vortragstechnik wird oft Folgendes empfohlen:

«Sag ihnen zuerst, was du ihnen sagen wirst, dann sag es ihnen und am Schluss sagst du ihnen, was du ihnen gesagt hast.»

Die Empfehlung gilt auch für das Schreiben. Sie bedeutet, dass jeder Abschnitt mit einer kurzen Inhaltsübersicht beginnen sollte («Sag ihnen zuerst, was du ihnen sagen wirst»). Dies nennt man auch «advance organizer».

Und jeder Abschnitt sollte auch mit einer Zusammenfassung enden («und am Schluss sagst du ihnen, was du ihnen gesagt hast»).

Das mag Ihnen umständlich und langatmig erscheinen. Aber Sie haben sich intensiv mit dem Stoff auseinandergesetzt, Sie wissen genau und im Voraus schon, was Sie schreiben wollen. Die Lesenden hingegen wissen es nicht. Als Schreibende sollten wir sehr behutsam mit den Lesenden umgehen: Es ist einfach unglaublich schwer, wenn man einmal ein Fachwissen erworben hat, sich vorzustellen, man hätte es noch nicht. Also: Systematisch Inhaltsübersichten und Zusammenfassungen einsetzen.

> ▶ Nehmen Sie in Bezug auf die Ich-Formulierung und Zitierregeln Kontakt zu der Betreuungsperson auf. Konsultieren Sie allenfalls deren Dissertation.
>
> ▶ Verwenden Sie keine saloppen Ausdrücke.
>
> ▶ Achten Sie auf eine gute Leserführung: Vorgängige Inhaltsübersichten und nachfolgende Zusammenfassungen systematisch einsetzen, Unnötiges weglassen.

40 Zitieren

Beim Zitieren gibt es zwei grundsätzliche Fragestellungen: das Was und das Wie. Welche Quellen sollen Sie überhaupt zitieren und nach welchen formalen Regeln sollen Sie dies tun? Die Regeln des korrekten Zitierens sind meist recht kompliziert, sodass leider vor lauter Formalem oft das Inhaltliche vergessen wird. Dabei ist dieser Punkt besonders wichtig. Deshalb sehen wir uns das Inhaltliche zuerst an.

Inhaltlicher Aspekt
Welche Quellen Sie zitieren sollen, ist zunächst einmal schnell beantwortet: Grundsätzlich sollten Sie alle Quellen angeben, die Sie verwendet haben. Und zwar nicht einfach nur pauschal, sondern sehr exakt. Das ist mitunter anstrengend und manche Studierenden fragen sich, wozu eigentlich das Ganze?
Die Forderung nach sorgfältigem und vollständigem Zitieren hat mindestens vier wichtige Gründe.

- Erstens sollen Ihre Gedanken nachvollziehbar werden. Nachvollziehbarkeit ist ein wichtiges Kriterium bei der Beurteilung von wissenschaftlichen Arbeiten jeglicher Art (siehe Kapitel 1).
- Zweitens soll damit gezeigt werden, dass Ihre Gedanken an die Gedanken von anderen anschliessen (dazu müssen sie aber nicht übereinstimmen). Sie belegen damit Ihre eigene Kenntnis der Fachliteratur und Ihre Fähigkeit, fremde Gedanken in Ihre Arbeit zu integrieren.
- Drittens sollen fremde Autoren für ihren gedanklichen Beitrag zum vorliegenden Werk gewürdigt werden. In der Wissenschaft gilt das Zitieren als eine Art Währung. Wer viel zitiert wird, hat hohes Ansehen. Selbstverständlich spielen Zitierungen in studentischen Arbeiten dabei keine Rolle, aber Sie zeigen mit dem Zitieren, dass Sie eine gute Bürgerin, ein guter Bürger der wissenschaftli-

chen Gemeinschaft sind, indem Sie diese Währung anerkennen und damit «bezahlen».
- Viertens und ganz wichtig: Das Unterlassen der Herkunftsangabe bedeutet immer, dass Sie behaupten, es handle sich um Ihre eigenen Gedanken. Eine Unredlichkeit in dieser Frage nennt sich «Plagiat» und gehört zu den schlimmsten Vergehen in der Wissenschaft. Mehr dazu lesen Sie im übernächsten Abschnitt.

Wenn man den Grundsatz, wirklich alles zu zitieren, wörtlich nimmt, hat man mit wissenschaftlichen Quellen eigentlich keine Probleme. Aber man stösst doch manchmal an Grenzen: Etwas Wichtiges haben Sie kürzlich an einem Vortrag gehört oder vor ein paar Monaten in der Zeitung gelesen (in welcher genau, wissen Sie nicht mehr) oder es ist sogar eine der Lebensweisheiten Ihrer Grossmutter, welche diese nie schriftlich festgehalten, aber dafür mündlich umso eindringlicher vermittelt hat. Was tun Sie mit solchen nicht wissenschaftlichen Quellen?

Hier hilft möglicherweise ein zweiter Grundsatz weiter: Die verwendete Literatur sollte «zitierfähig» und «zitierwürdig» sein. Schauen wir uns diese beiden Aspekte genauer an.

Nicht wissenschaftliche Quellen bieten meist das Problem, dass sie nicht öffentlich zugänglich sind oder dass wichtige Angaben zur Herkunft und Auffindung des Dokumentes fehlen. In all diesen Fällen bezeichnet man sie als nicht «zitierfähig». Warum? – Hier steht die Idee der Nachvollziehbarkeit dahinter. Gedanken, die sich auf unzugängliche Informationen oder nicht klar identifizierbare Dokumente stützen, sind nicht im strengen Sinn nachvollziehbar. Man sollte sich also nicht auf sie berufen.

Spontan versuchen Studierende bei unüblichen Quellen oft herauszufinden, wie man diese formal korrekt zitiert. Die meisten Zitierregeln schweigen sich dazu jedoch aus. Kein Wunder, es ist auch fast immer der falsche Weg, denn solche Quellen sind in der Regel nicht «zitierwürdig»: Die Qualität der Quelle ist fraglich. Man sollte sie daher gar nicht verwenden. Das scheint zunächst mühsam, denn nun müssen Sie sich nach einer anderen Quelle umsehen. Der Aufwand lohnt sich allerdings, weil die Qualität der verwendeten Quellen ein wichtiger Hinweis auf die Qualität Ihrer Arbeit ist. – Erinnern Sie sich? Dieser Aussage sind Sie bereits im Abschnitt über das Internet begegnet, im Hinblick auf das Zitieren aus der Wikipedia.

Was Sie unbedingt tun sollten, ist versuchen, die Information aus einer anderen, verlässlichen Quelle zu schöpfen. Schliesslich geht es um Wissenschaft, um die Suche nach gesicherter Erkenntnis! Die Angaben aus dem Vortrag oder der Zeitung lassen sich vielleicht beim statistischen Amt oder in einem Lehrbuch wiederfinden. Dann zitieren Sie diese Quellen.

Die Tatsache, dass es nun ein Vortrag oder Zeitungsartikel war, der Sie auf die Idee gebracht hat, brauchen Sie nicht zu erwähnen. Sie schreiben nur, worauf Sie sich in Ihren Ausführungen stützen. Hätte die Angabe aus dem statistischen Amt etwas anderes besagt, hätten Sie wohl kaum Ihrer Erinnerung an einen Vortrag oder Zeitungsartikel mehr Glauben geschenkt. Abgestützt wird Ihre Aussage also auf die zitierwürdige Quelle. – Und wenn Sie keine verlässliche Quelle finden, die Ihre Erinnerung bestätigt? Dann sollten Sie auf die unsichere Quelle verzichten und Ihre Argumentation anders aufbauen.

Wenn Sie den Grundsatz der «Zitierfähigkeit» und «Zitierwürdigkeit» einhalten, sind Sie auf der sicheren Seite. Es gibt aber auch Fälle, wo Sie von diesem Grundsatz abweichen können, nämlich dann, wenn die Quelle selbst das Beobachtungsmaterial Ihrer Frage darstellt. Ob das der Fall ist, hängt nicht von der Qualität der Quelle ab, sondern nur von ihrem Bezug zur Fragestellung.

Hier drei Beispiele:

- Sie möchten eine gesicherte Aussage darüber machen, wie das politische Klima in einem Land zu einem bestimmten Zeitpunkt war. Nun wäre der Leitartikel einer Boulevardzeitschrift dieses Landes wohl kaum eine zitierwürdige Literatur. Machen Sie hingegen eine Studie darüber, wie unterschiedliche Medien über einen politischen Vorfall berichtet haben, kann der gleiche Leitartikel eine wichtige Quelle sein, die Sie natürlich verwenden und folglich auch zitieren.
- Sie möchten herausfinden, unter welchen Bedingungen es sinnvoll ist, einen Kleinkredit aufzunehmen. Die Maximen Ihrer Grossmutter können Sie hier kaum als verlässliche Quelle zur Beantwortung Ihrer Frage aufführen. Geht es hingegen um die Frage, welche Einstellung ältere Menschen zum Aufnehmen von Krediten haben, könnte ein Interview mit Ihrer Grossmutter sehr passend sein.
- Sie möchten herausfinden, inwiefern es für Unternehmen wichtig ist, ihre Lieferantenbeziehungen bewusst zu gestalten. Zufällig finden Sie eine Aussage dazu in einem internen Strategiepapier der Firma, bei der Sie während Ihres Studiums gelegentlich arbeiten. Wenn dieses Papier nicht öffentlich zugänglich ist, ist es nicht zitierfähig. Sie werden es nicht direkt verwenden. Geht es hingegen darum, dass Sie herausfinden sollen, welchen Beitrag ein bestimmtes Projekt zur Unternehmensstrategie Ihrer Firma geleistet hat, dann werden Sie das Strategiepapier für Ihre Arbeit verwenden wollen oder gar müssen. Am besten legen Sie das Dokument im Anhang bei. Damit ist es zugänglich. – Falls die betreffende Firma ein Geheimhaltungsbedürfnis hat, könnten Sie den Anhang oder die gesamte Arbeit vertraulich erklären. (Solches ist natürlich nur in Absprache mit Ihrer Betreuungsperson möglich und unter Einhaltung der Vorschriften Ihrer Institution.)

Mit diesen Ausführungen sollte einigermassen klar sein, was Sie zitieren und was nicht. Mir ist klar, dass diese Angaben nicht absolut trennscharf sind. Wenn Sie das etwas stört, freuen Sie sich nicht zu früh auf den nächsten Abschnitt. Auch dort werde ich Ihnen nur Prinzipien darlegen. Aber bei den formalen Aspekten besteht zumindest die Möglichkeit, dass Ihre Institution einen Zitierstandard vorschreibt, der praktisch jeden Fall regelt.

Formaler Aspekt

So viel vorweg: Dieses Buch ist keine Masterarbeit und soll daher auch kein Vorzeigebeispiel sein, was formale Aspekte des wissenschaftlichen Zitierens anbelangt. Immerhin finden Sie die wichtigsten Hinweise auf verwendete Quellen in den Anmerkungen, welche sich am Schluss dieses Buches befinden.

Sie werden sich ohnehin an den Zitierregeln Ihrer Schule oder Ihres Professors orientieren müssen. Beim Zitieren gibt es nämlich nicht nur unterschiedliche internationale Standards, oft erlassen Fakultäten oder einzelne Dozierende besondere Zitiervorschriften. Aber wahrscheinlich haben Sie diesen Punkt bereits abgeklärt (Kapitel 7) und auch die Zitierfunktion von Word schon ausprobiert (Kapitel 36).

Trotz der Unterschiede in den Details sollen hier einige Punkte als Annäherung an einen kleinsten gemeinsamen Nenner festgehalten werden. Weil es aber keine allgemein anerkannten «eisernen Regeln des Zitierens» gibt, ist die folgende Zusammenstellung mit Vorsicht zu geniessen:

Minimale Zitierregeln

1. Wörtliche Zitate sind durch Anführungsstriche zu kennzeichnen.

2. Wörtliche Zitate sind mit einer Angabe über das Werk und einer genauen Seitenangabe zu versehen; diese Angabe befindet sich auf der gleichen Seite wie das Zitat.

3. Sämtliche Änderungen wie Auslassung, Übersetzung oder Hervorhebung sind zu kennzeichnen.

4. Sinngemässe Zitate sind immer zu kennzeichnen und mit Angaben zum Werk zu versehen, aus dem sie übernommen wurden.

5. Angaben über das Werk, auf das Bezug genommen wird, können entweder im Text oder in Form einer Fussnote gemacht werden. (Wichtige Quellen werden im Text erwähnt, weniger wichtige in der Fussnote.)

6. Die Quellenangaben sind einheitlich zu gestalten.

7. Bei Quellen aus dem Internet werden vollständiger URL und Abrufdatum angegeben.

Schauen wir uns diese Regeln in der Praxis an. Beim ersten Beispiel sehen Sie die Regeln 1, 2, und 3 in Aktion: Anführungsstriche, genaue Werk- und Seitenangaben und Hinweis auf die Auslassung.

Einer der bekanntesten Strategieprozessforscher kommt bei dieser zentralen Frage zu einem vernichtenden Ergebnis: «Der Glaube freilich, beim Staat liesse sich politisches vom Verwaltungshandeln säuberlich trennen (…) ist ein althergebrachter Mythos, dem ein stiller Tod beschieden sein sollte.» (Mintzberg 1996, S.13)

Beim nächsten Beispiel sehen Sie eine Konsequenz aus der Regel 3: Wenn Sie keine Änderungen vornehmen, aber die Lesenden könnten denken, Sie hätten dies getan, dann stellen Sie die Situation klar.

> «Ein zentrales Element der Prozessorientierung ist also der **horizontale Blick** auf die Geschäftstätigkeit.» (Osterloh/Frost 2006, S.31, Hervorhebungen im Original)

Falls Sie selbst an einem Zitat etwas besonders hervorheben möchten, können Sie dies tun, sofern Sie entsprechend «Hervorhebungen durch den Autor» vermerken. Wörtliche Zitate, wie wir sie eben gesehen haben, wählen Sie dann, wenn das Gesagte entweder besonders relevant oder besonders verständlich formuliert ist. In allen anderen Fällen machen Sie es sich einfacher und zitieren sinngemäss.

Dazu sehen Sie nun die Regeln 4 und 5 in Anwendung: Sinngemässe Angaben werden entweder im Text oder in der Fussnote gekennzeichnet. Sie wählen die Angabe im Text, wenn es Ihnen wichtig ist, dass die Lesenden zur Kenntnis nehmen, von welchem Autor diese Aussage stammt.

> Hunziker (1994) wies empirisch nach, dass Frauendiskriminierung in der Politik umso weniger stattfindet, je stärker die politische Konkurrenz ist.

> Es konnte empirisch nachgewiesen werden, dass Frauendiskriminierung in der Politik umso weniger stattfindet, je stärker die politische Konkurrenz ist.[1]
> ———
> 1 Vgl. Hunziker (1994).

Eine Seitenzahl zu nennen wäre hier nicht sinnvoll, weil ja nicht auf eine Aussage auf einer bestimmten Seite, sondern auf die gesamte Untersuchung Bezug genommen wird. Das obige Beispiel entspricht der in den USA üblichen und auch bei uns weit verbreiteten Regel, dass die Literaturangaben zum Werk nur im Literaturverzeichnis stehen müssen. Es genügt demnach, den Familiennamen des Autors und das Publikationsjahr zu nennen, um einen eindeutigen Bezug zum Verzeichnis herzustellen.

Hier besteht jedoch keine Einigkeit. Einer anderen Auffassung zufolge müssen nämlich die Literaturangaben immer dort vollständig in der Fussnote erscheinen, wo auf ein Werk zum ersten Mal Bezug genommen wird. Erst ab der zweiten Bezugnahme sind abgekürzte Formen erlaubt. Wenn Ihre Betreuungsperson keine Vorlieben hat, so empfehle ich die erstere Regelung, da sie international in den Sozialwissenschaften weiter verbreitet und weniger aufwendig ist.

Die Einhaltung der Regel 6 ist schon fast eine Buchhalteraufgabe: Peinlich genaues Arbeiten ist gefragt. Was ist aber mit «einheitlich» gemeint? Es bedeutet, dass Sie für die Darstellung der Quellen ein bestimmtes Darstellungsformat für Bücher und Zeitschriftenartikel verwenden, beispielsweise:

> Name, Vorname (Erscheinungsjahr): Titel, Untertitel, Verlag, Ort.

> Name, Vorname (Erscheinungsjahr): Titel, Untertitel, in: Zeitschriftenname, Nr. Ausgabennummer, S. Startseite-Endseite.

Eine konkrete Quellenangabe würde dann so aussehen:

> Hunziker, Alexander (2009): Spass am ökonomischen Denken, Die wichtigsten Konzepte einfach erklärt, Verlag SKV, Zürich.

> Hunziker, Alexander (2011): Führen mit Kennzahlen in der öffentlichen Verwaltung, in: Verwaltung & Management, Nr. 2, S. 73–77.

Wenn Sie sich so entscheiden, dann dürfte also in Ihrer Arbeit nie die Jahreszahl am Schluss erscheinen, der Verlag nach dem Erscheinungsort aufgeführt werden, das «in:» vor dem Zeitschriftennamen fehlen oder ein Punkt nach dem Untertitel stehen und so weiter. Was Sie hier vielleicht noch klarer als im Kapitel 15 erkennen: Wann immer Sie etwas kopieren, denken Sie daran, die Literaturangaben vollständig mitzukopieren. Man spart sich viel Ärger und unnötigen Zeitdruck.

Regel 7 ist insofern wichtig, als immer öfter Informationen aus dem Internet verwendet werden. Der Konsens, wie solche Quellen zu handhaben sind, ist nicht gerade überwältigend, aber er betrifft immerhin zwei Punkte. Erstens ist der URL[19] anzugeben, und zwar in voller Länge. Haben Sie beispielsweise auf der Homepage der Universität von Illinois etwas über Wirbelstürme gelesen, das Sie in Ihrer Arbeit verwenden, so geben Sie nicht nur www.uiuc.edu an, sondern http://ww2010.atmos.uiuc.edu/(Gh)/guides/ mtr/hurr/grow/home.rxml. Eventuelle Zeilenumbrüche in langen URLs sind übrigens ohne Trennstrich, möglichst nach einem Schrägstrich, zu vollziehen. Zweitens ist mit dem Vermerk «Retrieved» oder «Stand», das Datum anzugeben, wann Sie das Dokument gesehen bzw. heruntergeladen haben. Dies, weil viele Informationen so schnell aus dem Internet wieder verschwinden, wie sie dort auftauchen. Ich empfehle, die verwendeten Internetquellen auf die eigene Harddisk zu speichern. Der Aufwand dafür ist meistens gering und man geht dabei auf Nummer sicher. Ob Sie die Dateien dann ausdrucken und als Anhang beifügen, als elektronischen Anhang auf eine CD brennen wollen oder ob Sie einfach vermerken, dass die Quellen aus dem Internet auf Anfrage beim Autor eingesehen werden können, müssen Sie situativ entscheiden. Je wichtiger die Quellen für Ihre Arbeit, desto eher drängt sich eine der ersten Varianten auf.

Ein mögliches Darstellungsformat für Quellen aus dem Internet ist das folgende[20]:

> «Gewohnte-Zitierweise» Online im Internet: Vollständiger-URL [Stand «Datum-des-Abrufs»].

Ein konkretes Beispiel würde dann folgendermassen aussehen:

> Hunziker, Alexander (2011): Führen mit Kennzahlen in der öffentlichen Verwaltung, in: Verwaltung & Management, Nr. 2, S. 73–77. Online im Internet: http://www.academia.edu/670394/Fuhren_mit_Kennzahlen_in_der_offentlichen_Verwaltung

So, jetzt wissen Sie das Wichtigste über das Zitieren. Aber eine wichtige Frage wurde nur angeschnitten: Was passiert eigentlich, wenn man sich nicht an die Regeln hält?

Plagiat
Wenn Sie bloss das Literaturverzeichnis etwas uneinheitlich gestalten, dürften Sie dafür einen kleinen Abzug erhalten. Fehlen jedoch wichtige Literaturangaben, so bedeutet dies, dass Sie fremden Text als selbst verfasst ausgeben. Das nennt sich «Plagiat» und ist wohl das schlimmste Vergehen im Rahmen einer wissenschaftlichen Arbeit. Wird es entdeckt, so wird Ihre Arbeit – und vermutlich auch Ihr Studienabschluss – aberkannt. Es lohnt sich also, gründlich zu sein.

Leider gibt es immer Schlaumeier, die beispielsweise Masterarbeiten aus dem Internet herunterladen oder auf ähnliche unlautere Weise zu ihrer Masterarbeit kommen wollen. Davon ist **dringend** abzuraten. Dozierende machen immer öfter Recherchen in Internet, um solche Fälle aufzudecken. Es gibt spezielle Software und Dienste im Internet, welche die Dozierenden dabei wirkungsvoll unterstützen.[21] Wie peinlich, wenn der Betrug auffliegt! Aber selbst falls er unentdeckt bleibt, gibt es keinen Grund zum Jubeln: Ein Plagiat verjährt nicht und Sie werden Ihr Leben lang erpressbar bleiben. Wie würden Sie sich fühlen, wenn in zehn Jahren kurz vor Ihrem entscheidenden Karriereschritt Ihr Konkurrent um die begehrte Stelle dahinterkommt?

So, das wäre das Wichtigste in Kürze. Möchten Sie mehr über das Zitieren erfahren? Ich empfehle Ihnen, die Dissertation Ihrer Betreuungsperson zu studieren. Wenn Sie Ihre Zitate analog gestalten, dann sind Sie auf der sicheren Seite. Es kann durchaus noch weitere Vorteile mit sich bringen, diese Arbeit überflogen zu haben.

Ebenfalls eine gute Idee ist es, die Zitierregeln einer angesehenen Fachzeitschrift Ihres Fachgebietes anzuwenden. Meist werden diese nämlich für die Autorinnen und Autoren im Internet zur Verfügung gestellt. Wenn Sie neben diesen Tipps ein bisschen darauf achten, wie andere zitieren, sollten Sie eigentlich darauf verzichten können, ein Lehrbuch zu diesem Thema[22] zur Hand zu nehmen.

Eines haben Sie sicher gemerkt: Nicht nur punkto Zitieren, auch punkto Ich-Form und saloppen Ausdrücke nehmen Sie sich das vorliegende Buch besser nicht zum Vorbild!

- ▶ Grundsätzlich sollten Sie alle Quellen angeben, die Sie verwendet haben.
- ▶ Es gibt wichtige Gründe, vollständig und sauber zu zitieren.
- ▶ Nicht zitieren heisst behaupten, man habe es selbst geschrieben. Wenn das aber nicht stimmt, kann dies schwerwiegende Konsequenzen haben!
- ▶ Verwenden Sie zitierfähige Quellen: Arbeiten, die öffentlich zugänglich sind und die nötigen Angaben zur Auffindung aufweisen.
- ▶ Verwenden Sie zitierwürdige Quellen: Die Qualität der zitierten Literatur ist ein Qualitätsmerkmal Ihrer Arbeit.
- ▶ Halten Sie sich genau an die Zitierregeln, die in Ihrem Umfeld vorgegeben sind, mindestens aber an die minimalen Zitierregeln.

Wie packe ich die Arbeit an?

41 Projektmanagement

Wenn Sie am Verfassen Ihrer Arbeit sind, müssen Sie laufend Entscheide fällen:

- Nächster Schritt: Was erledige ich als Nächstes, was mache ich später?
- Schwerpunkte: Was muss ich noch vertieft bearbeiten, was muss so genügen, wie es ist?
- Arbeitsrhythmus: Wann mache ich Pause und wann leiste ich Einsatz für die Arbeit?

Antworten auf diese Fragen gibt es nicht, und Sie können sie auch nicht planen. Das ist Management. Kann man denn dazu überhaupt eine Empfehlung abgeben? – Sie ahnen es: Es ist kaum möglich, ausser Sie möchten von mir Banalitäten hören, etwa: «Machen Sie genügend oft Pausen, aber nicht zu oft.»

Ich empfehle Ihnen, mit den obigen drei Fragen bewusst umzugehen. – Was heisst das? Das heisst, dass Sie täglich kurz und wöchentlich etwas länger über diese Fragen nachdenken. Und zwar auf der inhaltlichen Ebene (wie soll ich sie beantworten?), auf der Prozessebene (wie gehe ich vor, um diese Entscheide zu fällen?) und auf der Gefühlsebene (wie fühle ich mich bei diesen Entscheiden?).

Reflexionsraster	Nächster Schritt	Schwerpunkte	Arbeitsrhythmus
Inhalts-Ebene			
Prozess-Ebene			
Gefühls-Ebene			

Auf der Prozessebene entdecken Sie vielleicht, dass der Arbeitsplan (siehe Abschnitt 1 dieses Kapitels) ein nützliches Instrument ist, das Sie noch besser einbeziehen sollten. Wenn Sie merken, dass Ihnen der Überblick über Arbeitszeit und Pausen fehlt, sollten Sie diesbezüglich systematisch Notizen machen. Zumindest sollten Sie darüber nachdenken, wie Sie Ihre Entscheide fällen. Prüfen Sie auch, ob die Instrumente, die Sie dazu einsetzen, Ihren persönlichen Bedürfnissen angepasst sind.

Auf der Gefühlsebene entdecken Sie zum Beispiel, dass Sie sehr unsicher sind in der Frage, was noch vertieft zu bearbeiten ist und was nicht. Dann ist vielleicht ein Gespräch mit der Betreuungsperson fällig. Oder Sie merken, dass Sie nach einer Anfangseuphorie gar nicht so motiviert sind, eine gute Arbeit zu schreiben. Dann müssen Sie überlegen, wie Sie Ihre Motivation wieder finden oder welche kurzfristigen Massnahmen Sie treffen wollen, damit Sie nicht in ein Problem der Arbeitsdisziplin hineinlaufen.

Diese Punkte sind an sich nicht schwierig. Im Nachhinein werden sie Ihnen völlig klar sein. Die Herausforderung ist, sie schon unterwegs zu entdecken und ernst zu nehmen. Schwierig ist das vor allem auch deshalb, weil Sie bei Ihrer Arbeit drei Rollen gleichzeitig innehaben:

- Auftraggeber(in): Person, die will, dass das Ziel erreicht wird, und Ressourcen zur Verfügung stellt
- Projektleiter(in): Person, die für die Durchführung und Zielerreichung verantwortlich ist
- Projektmitarbeitende(r): Person, welche die eigentliche Arbeit ausführt

Dies ist gemäss Lehrbüchern über Projektmanagement problematisch, weil mindestens die beiden ersten Rollen von verschiedenen Personen wahrgenommen werden sollten. Na ja, wenigstens werden Sie wissen, was Sie geleistet haben, wenn die Arbeit einmal fertig ist. – Und vielleicht verstehen Sie bereits jetzt, inwiefern es eine Bereicherung ist, eine wissenschaftliche Arbeit zu schreiben, ganz egal, um welches Thema es sich handelt. Das Thema, um das Sie nie herumkommen, das sind Sie selbst.

▶ Die Herausforderung des Managements Ihrer Masterarbeit ist, Probleme zu entdecken, sie anzupacken und zu lösen.

▶ Dies erreichen Sie am ehesten, indem Sie regelmässig Ihre Entscheide auf drei Ebenen reflektieren: Inhalt, Prozess, Gefühl.

VIII Wie werden studentische Arbeiten bewertet?

Falls dies das erste Kapitel ist, das Sie aufschlagen, dann gehören Sie wohl zu den zielgerichteten Leserinnen und Lesern. Sie wollen wissen: Was muss ich tun, um eine gute Note zu bekommen? – Tatsächlich geben Ihnen die Beurteilungskriterien wichtige Hinweise. Ohne die vorangehenden Kapitel dieses Buches laufen Sie jedoch Gefahr, diese Hinweise nicht wirklich zu verstehen und nicht umsetzen zu können.

In diesem Kapitel geht es um Folgendes:

▶ Sie lernen zwei Bewertungsraster kennen.
▶ Sie verstehen, wie Sie diese Raster vor und während Ihrer Arbeit in Ihre Überlegungen einbeziehen können.
▶ Sie verstehen, worauf es bei einer mündlichen Präsentation Ihrer Arbeit ankommt.

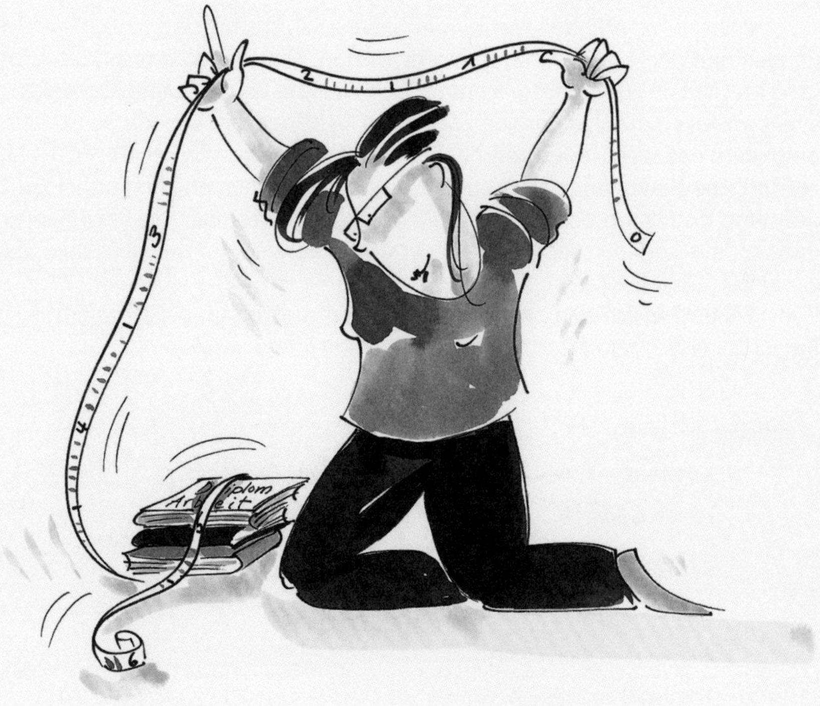

42 Beurteilungsraster

Bewertungen finden nicht im luftleeren Raum statt. Tatsächlich sind Meinungen und persönliche Eindrücke sehr wichtig, aber wer sich verpflichtet fühlt, gerechte Noten zu verteilen, kommt nicht darum herum, seine Gedanken zu strukturieren und aufzuschreiben. Zu leicht läuft der Bewertende sonst Gefahr, besonders negativen oder besonders positiven Punkten zu viel Gewicht beizumessen. Die Bewertungsraster stellen also keine mathematische Formel zur Berechnung der Noten dar, sondern leiten den Bewerter oder die Bewerterin nur dazu an, alle wesentlichen Punkte separat zu betrachten und angemessen in das Gesamturteil einfliessen zu lassen.

Sehen Sie sich den folgenden Beurteilungsraster an, der in einem Teil der Berner Fachhochschule zur Anwendung kommt:

Beurteilungsraster 1			
	Kriterien		**Erläuterungen**
	Für diese Arbeit wurden die Kriterien ☐ 1.1 ☐ 1.2 ☐ 1.3 ☐ 1.4 als Beurteilungsschwerpunkte festgelegt.		
1	**Inhalt**		
1.1	Praxisabklärungen/Recherchen		
1.2	Theorieabklärungen/Recherchen		Einbezug, Einschlägigkeit und kritische Nutzung der Literatur
1.3	Innovation		
1.4	Brauchbarkeit/Transferierbarkeit		bedürfnisorientiert, praktisch anwendbar, umsetzbar und allenfalls übertragbar

Wie werden studentische Arbeiten bewertet?

Beurteilungsraster 1 (Fortsetzung)		
1.5	Zielformulierung	klar, sinnvoll abgrenzend
1.6	Zielerreichung	konsequent themenbezogen, vollständig, ausgewogen
1.7	Aufbau/Problembearbeitung	logisch, nachvollziehbar, Argumentationsqualität, Umfang der Arbeit
1.8	Schlussfolgerungen	korrekt, ausreichend begründet
2	**Form**	
2.1	Management Summary	
2.2	Verständlichkeit, Stil	
2.3	Grammatik, Orthografie, Interpunktion	
2.4	Zitierweise	korrekt, einheitlich, einschlägig, angemessen
2.5	Darstellung/Gestaltung	Klarheit, Übersichtlichkeit, Einheitlichkeit in Bezug auf Text, Grafiken, Abbildungen, Tabellen und Verzeichnisse
2.6	Bestandteile	Einleitung, Schlussfolgerungen, Verzeichnis der Quellen, Tabellen, Grafiken, Abbildungen und Abkürzungen, eventuell Anhang
3	**Mündliche Vorstellung der Arbeit**	
3.1	Ausrichtung der Vorstellung der Diplomarbeit auf die wesentlichen Punkte	Gewichtung, Einhaltung Zeitbudget
3.2	Informationsgehalt/Argumentationsniveau	differenziert, überzeugend
3.3	Strukturierung/Aufbau/Gliederung	Gedankenschritte nachvollziehbar
3.4	Diskurs über Idee, Methode und Ergebnisse der Arbeit	
3.5	Rhetorisch-didaktische Aspekte	Sprachkompetenz, Einsatz von Hilfsmitteln, Prosodik, Kontakt zum Publikum
4	**Selbstständigkeit**	
		Die vorliegende Arbeit entspricht in jeder Hinsicht der von der Autorin/vom Autor abgegebenen Erklärung hinsichtlich Einbezug von Fremdtexten und -quellen.

An diesem Raster fallen folgende Punkte auf:

- Es ist ein Beurteilungsschwerpunkt mit dem Betreuer zu vereinbaren. Diese Regelung ist eingeführt worden, nachdem es zu einigen Missverständnissen und in der Folge zu unbefriedigenden Situationen gekommen ist.
- Der mündliche Vortrag gehört mit zur Arbeit und wird ebenfalls benotet. Das ist durchaus nicht an allen Fachhochschulen und Universitäten der Fall.
- Im Punkt 3.5 fällt Ihnen vielleicht der Begriff Prosodik auf. Gemeint sind damit die Ausdruckselemente des Sprechens wie Gestik, Tonalität oder Sprechpausen.
- In einer Selbstständigkeitserklärung halten Sie fest, dass Sie alle benutzten Quellen wahrheitsgetreu genannt haben. Hier geht es um das bereits im Kapitel 39 über das Zitieren erwähnte «Plagiat». Sie bestätigen mit Ihrer Unterschrift, dass Sie weder einzelne Textpassagen noch die ganze Arbeit ohne Quellenangabe abgeschrieben haben. Falls dies trotzdem so ist und es herauskommt, kann der Rest Ihrer Arbeit so gut sein, wie er will: Sie haben Ihre Abschlussarbeit nicht bestanden.

Was können Sie nun aus diesem Raster lernen? Zwei Punkte scheinen mir besonders wichtig:

- Falls an Ihrer Schule ein Beurteilungsschwerpunkt nicht ausdrücklich vereinbart wird, versuchen Sie, durch Kontaktaufnahme mit dem Bewerter oder einem Assistenten diese Frage zu klären.
- Zielformulierung und Schlussfolgerungen sind in der Regel zwei kurze Abschnitte von wenigen Seiten. Sie erhalten aber gleich viel Gewicht wie Zielerreichung und Aufbau/Problembearbeitung, welche sich über den grössten Teil der Arbeit erstrecken. Es lohnt sich also, die Zielformulierung und die Schlussfolgerungen besonders sorgfältig zu verfassen.

Wie werden studentische Arbeiten bewertet?

Sehen wir uns einen anderen Raster an, der an der wirtschaftswissenschaftlichen Fakultät der Universität Zürich zum Einsatz kommt:

Beurteilungsraster 2	
1	Thema behandelt?
2	Vollständigkeit der Themenerfassung
3	Aufbau und Systematik – Klarheit der Gliederung – Gang der Untersuchung erläutert? – Definition neu eingeführter Begriffe – Zusammenfassung von Abschnitten – Übergänge zwischen den Abschnitten
4	Literaturverarbeitung – Standardliteratur verarbeitet? – Eigenständig neue Literatur gesucht? – Zitierweise korrekt?
5	Originalität
6	Klarheit der Argumentation
7	Qualität der betriebswirtschaftlichen Analyse – Theoretischer Gehalt (Bezugnahme auf theoretische Ansätze, Begründung der Auswahl eines oder mehrerer Ansätze) – Empirischer Gehalt (methodisches Vorgehen, Aktualität) – Verknüpfung von Empirie und Theorie
8	Präsentation – Stil und Sprache – Rechtschreibung und Satzzeichen – Literaturverzeichnis
9	Abschliessende Bemerkungen

Dazu ist Folgendes anzumerken:

- Das Thema wird in diesem Fall vom Professor bzw. der Professorin vorgegeben. Der erste Punkt bezieht sich auf die Frage, ob am Thema vorbeigeschrieben wurde.
- Es gibt für die einzelnen Punkte keine Bewertungsskala, sondern ausschliesslich qualitative Bewertungen.
- Dieser Raster entspricht den Kapitelüberschriften. Über die Länge des Textes zu jedem Abschnitt gibt es keine Vorgaben.
- Das Schriftstück, das so entsteht, umfasst drei bis fünf Seiten und nennt sich nicht Bewertung, sondern «Gutachten».

- Im Abschnitt «Abschliessende Bemerkungen» wird eine qualitative Bewertung der Arbeit vorgenommen. Stärken und Schwächen werden gegeneinander abgewogen.
- Gewöhnlich erstellt ein Assistent das Gutachten. Der Professor liest Arbeit und Gutachten durch, bringt wenn nötig Änderungen am Gutachten an und legt die Note fest.

Was können Sie diesem Raster entnehmen?

- Die letzten beiden Stichworte unter Punkt 3 zeigen Ihnen klar: Leserführung ist wichtig. Verfassen Sie zu jedem Kapitel, vielleicht sogar zu jedem Unterkapitel, am Anfang eine Übersicht und am Schluss eine Zusammenfassung.
- Punkt 4 «Literaturverarbeitung» zeigt Ihnen: Hier wird hoher Wert auf die Literatursuche gelegt (vgl. Kapitel 14). Dies illustriert, dass es für Sie nützlich ist, den Beurteilungsraster zu kennen. In der Regel ist dieser auf Anfrage erhältlich, aber selten wird er Ihnen ungefragt zugestellt.
- Punkt 6 «Argumentation» bestätigt, dass das Argumentieren wichtig ist (vgl. Kapitel 19).

Ich habe mit beiden Rastern gearbeitet und ich halte beide für ausgezeichnet. Wenn Sie während des Schreibens diesen Raster immer wieder mal überfliegen, wird Ihnen bestimmt der Schwachpunkt Ihrer Arbeit auffallen, bevor er nicht mehr zu verbessern ist. Die Raster weisen Sie auf Punkte hin, die Ihnen selbst nicht so sehr am Herzen liegen. Es sind vermutlich Ihre «blinden Flecken», die Ihnen sonst leicht zum Verhängnis werden.

▶ Beschaffen Sie sich nach Möglichkeit den Beurteilungsraster, der bei Ihrer Arbeit zur Anwendung kommt.

▶ Checken Sie Ihre Arbeit mit diesen beiden Rastern auf Qualitätsmängel ab.

43 Gedanken eines Betreuers

Was geht einem Betreuer so durch den Kopf, wenn er eine Arbeit beurteilt? Diese Frage lässt sich wohl kaum allgemein beantworten. Ich habe versucht, mich selbst beim «Korrigieren» zu beobachten, und von diesen – zugegeben sehr subjektiven – Beobachtungen möchte ich Ihnen berichten.

Zunächst halte ich eine Arbeit in den Händen und blättere sie wahllos durch. Dabei stelle ich fest, wie viel Lust ich habe, mich gerade jetzt mit dieser Arbeit richtig zu befassen. Ich nehme dabei bewusst wahr, was die Arbeit für einen optisch-gestalterischen Eindruck macht.

Nun nehme ich mir Inhaltsverzeichnis, Management Summary und Zielsetzung vor. Ich will die Forschungsabsicht und die Methodik verstehen: Was wollte der Autor/die Autorin eigentlich herausfinden? Und wie ist er/sie grundsätzlich vorgegangen? Das geschieht sehr sorgfältig. Es kann gut sein, dass ich diese Abschnitte zweimal lese. Eigentlich lese ich erst weiter, wenn ich sicher bin, dass ich Absicht und Methodik verstanden habe. Sollte das nicht der Fall sein – was leider auch schon vorgekommen ist –, dann lese ich etwas beunruhigt weiter, und meine Gedanken bleiben bei der Frage nach der Forschungsabsicht und Methodik.

Beim weiteren Lesen, bei dem ich nun etwas zügiger vorgehe, interessieren mich drei Punkte. Erstens: Wie gut ist die Qualität der Argumentation? Ich beobachte, ob ich ihr in jedem Punkt folgen kann oder ob ich die Schlüsse nicht zwingend, nicht überzeugend, zu allgemein oder zu spezifisch finde.

Zweitens: Wie gut ist die verwendete Methode eingesetzt? Bei einem Fragebogen betrachte ich beispielsweise, ob die Fragen nicht suggestiv sind, ob sie mir allgemein verständlich erscheinen, ob sie das erfragen, was erfragt werden soll, und so weiter.

Und drittens: Wie hoch ist der Reflexionsgrad? Ich achte darauf, wie Sie Ihr Vorgehen kommentieren. Ich versuche daraus zu schliessen, ob Sie verstehen, was Sie eigentlich tun, und ob Sie die Schwächen Ihres Vorgehens und deren Auswirkungen erkennen.

Am Schluss frage ich mich, ob Sie ein brauchbares Resultat erzielt haben. Kann man Ihre Erkenntnisse in der Praxis brauchen? Sind sie für irgendjemanden eine wirkliche Hilfe?

So, und nun habe ich «im Bauch» eigentlich eine Note gesetzt, es beginnt ein Bewusstwerdungsprozess. Ich fange an, den Beurteilungsraster auszufüllen und wäge alle Eindrücke, positive wie negative, gegeneinander ab. Dabei versuche ich möglichst, den Inhalt der Arbeit von der Form zu trennen. Ein letztes Kapitel voller Tippfehler kann ebenso ärgerlich sein wie eine schwammige Zielformulierung, aber letztlich darf die Bestrafung dafür nicht zu hart ausfallen, wenn der Inhalt gut ist. Manchmal werde ich richtig zum Detektiv, der krampfhaft den intelligenten Sinn sucht, der sich hinter einer mangelhaften Form verbirgt. Nun setze ich die Note. Dann lege ich die Arbeit für eine Weile weg.

Später erfolgt das Gespräch mit dem Co-Experten, der zweiten Person für die Beurteilung. Wir tauschen zuerst unsere Noten aus und loten abweichende Einschätzungen aus, indem wir jeden einzelnen Punkt des Bewertungsrasters diskutieren. Unsere Einschätzungen sind in den meisten Fällen sehr nahe beieinander. – Beruhigend, nicht?

Schliesslich einigen wir uns auf eine Note – oder einen Notenbereich, wenn noch die mündliche Präsentation der Arbeit zu bewerten ist.

▶ Trotz aller Raster bleibt die Beurteilung einer Arbeit eine recht subjektive Sache.

▶ Bringen Sie nach Möglichkeit etwas über die persönliche Gewichtung der Bewertungskriterien derjenigen Person in Erfahrung, die Ihre Arbeit benotet.

44 Mündliche Präsentation

An den meisten Hochschulen werden Bachelor- und Masterarbeiten mündlich präsentiert. In der Regel entscheidet die Präsentation, ob der untere oder der obere Rand des vorher besprochenen Notenbereichs zur Anwendung kommt. Es kann aber auch vorkommen, dass eine fantastische Präsentation die Gesamtnote um einen ganzen Punkt nach oben verschiebt. Dies ist insbesondere dann der Fall, wenn fachliche Fragen noch geklärt werden können, welche in der Arbeit nicht überzeugend genug dargestellt worden sind. Es geht also darum, Ihre Thesen zu verteidigen.

Viele Studierende verhalten sich so, als sei mit der Abgabe der Arbeit alles gelaufen. Die Vorbereitung für den Vortrag wird auf ein Minimum beschränkt, als ginge es nur noch darum, die allergrössten Peinlichkeiten zu vermeiden. Das ist schade, denn: Die Qualität einer Präsentation beeinflusst die Notengebung!

Ich möchte Ihnen hier nicht vermitteln, wie man eine spannende Präsentation gestaltet. Das ist ein Thema für sich. Aber wenn Sie sich an die folgenden sieben Punkte halten, machen Sie wahrscheinlich das Entscheidende richtig.

Kommen Sie rasch zur Sache
Auch wenn Sie ein grosses Publikum vor sich haben: Sie machen die Präsentation für die Personen, von denen Sie beurteilt werden. Wenn Sie zwanzig Minuten Zeit haben, dann zählt jede einzelne Minute. Deshalb lassen Sie die Frage, warum Sie diese Arbeit verfasst haben und in welchem Zusammenhang sie steht, am besten ganz weg. Oder Sie behandeln diese in einer einzigen Minute. Es ist einfach schade, wenn nur noch wenig Zeit für das wirklich Interessante übrig bleibt.

Zeigen Sie Mut zur Lücke

Es ist klar, dass Sie in zwanzig Minuten nicht alles bringen können, was Sie auf fünfzig oder mehr Seiten schriftlich dargelegt haben. Wenn Ihr Vortrag zu lang wird, müssen Sie Dinge weglassen. Dazu orientieren Sie sich an den wichtigsten Fragen, die Sie beantworten müssen. Es könnten die folgenden sein:

- Was war Ihre Fragestellung?
- Wie sind Sie vorgegangen?
- Welche Resultate haben Sie erhalten?
- Wie interpretieren Sie die Resultate?
- Welche Schlüsse ziehen Sie?

So – oder so ähnlich – ist Ihr Grundgerüst, um das Sie Ihren Vortrag aufbauen. Meine Erfahrung ist die: Es ist viel einfacher, ein mageres Gerüst mit ein paar spannenden Details zu ergänzen, als aus einem überfrachteten Vortrag ein paar Punkte wegzustreichen. Zudem verbessert sich durch das erstere Vorgehen meist noch die Qualität des Vortrags. Eine erstklassige Vorbereitungsmethode ist die, den Vortrag übungshalber in bloss drei Minuten zu halten. Wenn Sie das können, dann wissen Sie mit Sicherheit, was wesentlich ist und was Sie weglassen können.

Bleiben Sie ruhig

Manche Experten lieben es zu provozieren. Es mag ihre Art sein oder sie wollen einfach wissen, wie sicher Sie wirken, wenn jemand Sie angreift. Seien Sie also auf provokative Fragen gefasst. Diese bedeuten nicht, dass die fragende Person Ihnen nicht wohl gesinnt ist. Manchmal ist sogar das Gegenteil der Fall: Schwache Kandidaten würde man nicht herausfordern, Ihnen hingegen traut man gute Antworten zu, Ihnen wird eine Ehre zuteil.

Worauf müssen Sie sich gefasst machen?

- Wenn Ihre Resultate nicht sehr praxisbezogen sind: «Ich fasse zusammen: Die Untersuchung hat gar nichts gebracht.»
- Wenn Sie Resultate erhalten, die völlig mit der Intuition übereinstimmen: «Ein etwas grosser Aufwand, nur um herauszufinden, was jeder schon vorher wusste!»

Bleiben Sie ruhig und beantworten Sie solche Provokationen auf der Sachebene. Vielleicht so:

- «Aus einer rein praktischen Perspektive haben Sie Recht, da sind die Resultate tatsächlich nicht sehr griffig. Theoretisch hingegen konnte ich zeigen, dass … Um diese Erkenntnis praktisch brauchbarer zu machen, müssten folgende Dinge noch untersucht werden: …».

- «Es war tatsächlich ein grosser Aufwand. Aber es ist trotzdem ein Unterschied, ob man etwas nur vermutet oder ob man es anhand eines Tests auch tatsächlich feststellt. Oft haben sich auch die Intuition oder der gesunde Menschenverstand im Einzelfall nicht als zutreffend erwiesen.»

Nehmen Sie also die inhaltliche Kritik auf und gehen Sie darauf ein, ignorieren Sie die provokative Form, in der die Kritik vorgebracht wird. Verteidigen Sie Ihre Arbeit, indem Sie argumentieren, aber geben Sie auch vorhandene Schwachstellen zu.

Verwenden Sie geeignete Folien
Über die Gestaltung von PowerPoint-Folien ist schon viel geschrieben worden. Zudem haben Studierende jahrelang Zeit, sich an besonders guten (und manchmal auch an besonders wenig nachahmenswerten) Beispielen zu orientieren. Erstaunlich ist, dass die Grundprinzipien offenbar doch nicht überall bekannt sind. Immer wieder sind grelle Farben, zu kleine Schriftgrössen und überladene Folien anzutreffen. Falls Sie mit PowerPoint wenig geübt sind, zeigen Sie Ihre Folien einer Kollegin oder einem Kollegen und beachten Sie die Checkliste im Anhang.

Neben diesen Fehlern treffe ich auch immer wieder Positives an. Die folgenden Tipps sind für Ehrgeizige gedacht, die aus ihrem Vortrag das Letzte herausholen wollen und die sich als Redner sicher fühlen. Sie sind durchaus gefärbt durch mein Umfeld (Managementausbildung), sie könnten in einem anderen Umfeld anders bewertet werden. Und es besteht die Gefahr, dass der Bogen überspannt wird. Treffen Sie selbst eine Einschätzung.

Seien Sie authentisch
Natürlich ist der Vortrag über eine wichtige Arbeit zunächst einmal eine intellektuelle Angelegenheit. Das heisst aber nicht, dass es für Gefühle nirgendwo Platz hätte. Da und dort dürfen Sie auch etwas Begeisterung zeigen. An einer zentralen Stelle dürfen Sie auch etwas feu sacré versprühen. Solange Sie nichts künsteln, sondern einfach authentisch bleiben, wird es Ihre Präsentation aufwerten.

Sprechen Sie mit Metaphern
Wenn die Arbeit die Pflicht war, so ist die Präsentation die Kür. Sie haben wenig Zeit, um etwas sehr Komplexes darzustellen. Da eignen sich Bilder und Metaphern gut, um abzukürzen, um schnell aufs Wesentliche zu kommen und um zentrale Gedanken auch optisch gut darzustellen. Selbstverständlich werden Sie die zentralen Fakten, Ergebnisse und Daten nicht weglassen. Und ebenso selbstverständlich haben Sie Ihre Metapher treffend gewählt.

Wie werden studentische Arbeiten bewertet?

Zeigen Sie Weitblick
Welche Anschlussfragen konnten Sie in der Arbeit nicht mehr verfolgen? Welche weiterführenden Gedanken haben Sie sich nach dem Abgabetermin gemacht? Was ist seit dem Einreichen der Arbeit geschehen? – Überraschen Sie die Experten und nehmen Sie diese Punkte vorweg. Oder erwähnen Sie bei limitierter Zeit, dass Sie diese Zusatzpunkte vorbereitet haben und gerne im Anschluss an die vorgegebene Zeit noch erläutern würden, falls sie von Interesse sein sollten. (Sie sind es fast immer.)

▶ Machen Sie bei der Präsentation keine lange Einleitung.
▶ Mut zur Lücke – Zeit für das Wesentliche!
▶ Bleiben Sie cool: Provokative Fragen gehören zum Geschäft.
▶ Für gute Redner und Rednerinnen gilt: Profilieren Sie sich!

Beachten Sie die beiden Checklisten «PowerPoint» und «Präsentieren» im Anhang und im Bookshelf.

IX Schlusswort zum Spass

Sie haben es gemerkt: Mein Anliegen war, Ihnen Spass am wissenschaftlichen Arbeiten zu vermitteln. Trockene Bücher gibt es genug, finde ich. Natürlich musste dadurch einiges eher oberflächlich behandelt werden. Entscheidend ist für mich aber:

Haben Sie auf unterhaltsame Art Wichtiges gelernt? Oder haben Sie sich geärgert? – Leider sind die Reaktionen auf Fachbücher noch viel seltener als auf unaufgeforderte Werbesendungen (vgl. Kapitel über den Fragebogen). Eigentlich erstaunlich, wenn man bedenkt, dass man mit einem Flyer nur wenige Sekunden verbringt, mit einem Buch hingegen doch mehrere Stunden. – Wenn Sie Lust verspüren, mir zu schreiben, dann verschieben Sie es nicht. Tun Sie es jetzt. Sie bereiten mir damit eine Freude.

Senden Sie Ihre Anregungen per Mail an feedback@verlagskv.ch
oder per Post an Verlag SKV AG, c/o Prof. Dr. Alexander W. Hunziker,
Hans-Huber-Strasse 4, Postfach, 8027 Zürich.

Herzlichen Dank all denen, die mitgeholfen haben, dass dieses Buch entstehen und sich weiterentwickeln konnte: Prof. Dr. Ruth Schmitt besonders für die Anregungen zum Kapitel über Argumentation, Marianne Fraefel, Simone Artho und Peter Kels für die laufende Diskussion über die Anwendung der Inhalte in der Unterrichtspraxis, Dr. Rolf Hugi für die vielen Anregungen zur Lernpsychologie, Prof. Maria Camenzind für die Aufmunterung, Prof. Dr. Fred Fritsche und meinen Eltern für sprachliche Korrekturen, Prof. Stephan Hagnauer und vielen Studierenden für wichtige Anregungen, Yvonne Vafi-Obrist für das sorgfältige Lektorat und Daniela Hauser für die gelungenen Zeichnungen.

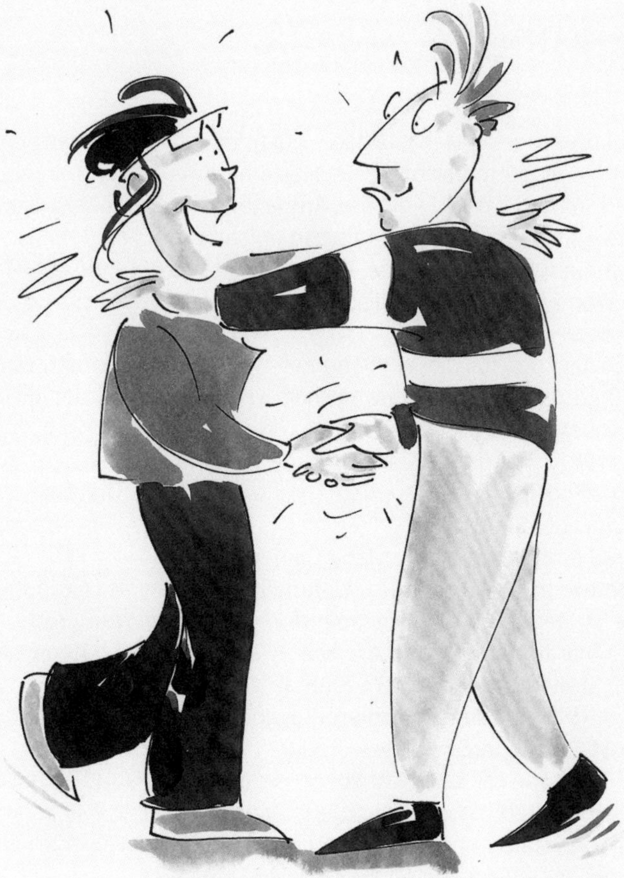

Anmerkungen

1 Für die Lösung der ersten Aufgabe legen Sie mit vier Hölzern ein Quadrat, welches Sie mit den weiteren zwei Hölzern – wie ein Fenster – in vier kleine Quadrate unterteilen. Die zweite Aufgabe lösen Sie, indem Sie die Hölzer nicht legen, sondern pyramidenförmig aufstellen.
2 Das Buch heisst: Lakoff George, Núñez Rafael E. (2000): Where Mathematics Comes From, How the embodied mind brings mathematics into being, Basic Books, New York.
3 Der Fachausdruck für dieses Phänomen heisst Framing-Effekt. Der Ausdruck Framing, also Einrahmen, wird deshalb verwendet, weil das gleiche Bild in einem anderen Rahmen ganz anders wirkt. Vgl. Tversky, Amos/Kahnemann, Daniel (1987): Rational Choice and the Framing of Decisions, in: Hogarth, Robin M./Reder, Malvin W. (Hrsg.), Rational Choice, University of Chicago Press, Chicago, S. 67–94.
4 Es ist Frau Prof. lic. phil. nat. Maria Camenzind.
5 Vgl. Schreyögg, Georg (1984): Unternehmensstrategie, Grundfragen einer Theorie strategischer Unternehmensführung, Berlin/New York: de Gruiter und Eisenhardt, Kathleen M./Zbaracki, Mark J. (1992): Strategic decision making, in: Strategic Management Journal, Vol. 13, S. 17–37.
6 Gemeint ist die Studie aus Robinson, Francis (1961): Effective Study, Revised Edition 1961, Harper&Row, New York.
7 Dieser historische Fall ist beschrieben in Watzlawick, Paul (1978): Wie wirklich ist die Wirklichkeit? Wahn, Täuschung, Verstehen, Piper, München.
8 Die Angaben stammen aus: Vogel, Thomas (2000): Trotz Elektronik sind nicht alle genau, in: K-Tipp, 18. Oktober, Nr. 17, S. 19–21.
9 Diese Unterscheidung ist im angelsächsischen Sprachraum viel geläufiger als bei uns. Detailliert beschrieben wird die Argumentationsanalyse bei Booth, Wayne C./Colomb, Gregory G./Williams, Josef M. (1995): The Craft of Re-

search, University of Chicago Press, Chicago, und bei Hart, Chris (1998): Doing a Literature Review, Releasing the Social Science Research Imagination, Sage, London.
10 Genauer genommen: $1/2^{10}$ bzw. 1/1024.
11 Für den Effekt verantwortlich sind die beiden Tatsachen, dass Männer grössere Füsse haben als Frauen und dass sie auch mehr Geld verdienen. Der Versuch, daraus eine konkrete Handlungsanweisung abzuleiten, dürfte leider auch nicht in ein praktikableres Ergebnis münden. Dazu müsste man schon die Ursachen für die letztere der beiden Tatsachen genauer anschauen.
12 «Der Bund» (1999): Zeit ist eben doch Geld, Jg. 150, Nr. 108, 11. Mai, S. 19.
13 Das Beispiel stammt aus Krämer, Walter (2000): So lügt man mit Statistik, Piper, München.
14 Einer der führenden Forscher zu dieser Thematik ist Norbert Schwarz. Die Angaben dieses Abschnitts beziehen sich auf Studien, die er gemeinsam mit anderen durchgeführt hat.
15 Der «race-of-interviewer effect» ist breit erforscht und gilt als gesichert. Die erwähnte Studie ist Dunkerley, G. K./Dahlenberg, C. J. (1999): Secret-keeping behaviors in Black and White Children as a function of interviewer race, racial identity, and risk of abuse, in: Journal of Aggression, Maltreatment und Trauma, Nr. 2, S.13–35.
16 Bidulph, Steve (1994): Das Geheimnis glücklicher Kinder, Beust Verlag, München.
17 Das Experiment gilt heute als «Klassiker» und stammt von Asch, S. E. (1965): Studies of interdependence and conformity. A minority of one against a unanimous majority, in: Psychological Monographs, Nr. 9. Weitere Variationen dazu finden sich in Sader (1976): Psychologie der Gruppe, Juventa, München.
18 Gesagt hat diesen Satz R. Bach, Verantwortlicher für die Abschlussarbeiten bei EduSwiss, einer grossen schweizerischen Anbieterin von Nachdiplomstudien, an einer Informationsveranstaltung an der Hochschule für Technik und Architektur in Bern am 9. Mai 2000.
19 URL heisst Unique Ressource Locator, was so viel bedeutet wie «eindeutiger Name zum Auffinden einer Ressource im Internet». Er beginnt meist mit «http://» oder «ftp://» und wird in der Regel am oberen Bildrand angezeigt.
20 Der Vorschlag stammt von: Bleuel, Jens (2001): Zitation von Internet-Quellen, in: Hug, Theo (Hrsg.): Wie kommt die Wissenschaft zu ihrem Wissen?, Band 1: Einführung in das wissenschaftliche Arbeiten, Schneider Verlag, Baltmannsweiler. Online im Internet: http://www.bleuel.com/ip-zit.htm [Stand 9.4.2013].
21 Beispiele sind das Programm Wcopyfind oder der Dienst www.turnitin.com sowie www.plagiarism.org. Verschiedene Universitäten bieten im Internet Übersichten zur Plagiatsbekämpfung an, beispielsweise plagiarism.phys.virginia.edu.
22 Zum Beispiel Metzger, Christoph (1999): Lern- und Arbeitsstrategien. Sauerländer, Aarau, Seiten 129–153.

Weiterführende Literatur

- *Atteslander, Peter* (2010): Methoden der empirischen Sozialforschung, Erich Schmidt Verlag, 13. Auflage.
  Übersichtlich, gut strukturiert, als umfassendes Nachschlagewerk geeignet. Zum Lesen allerdings eher trocken.

- *Booth, Wayne C./Colomb, Gregory G./Williams, Joseph M.* (2008): The Craft of Research, University of Chicago Press, Chicago & London, 3. Auflage.
  Ganz stark! Sehr praxisorientiert und verständlich geschrieben, obwohl inhaltlich auf Dissertationsniveau. Die gute Argumentation wird ausführlich beschrieben. Nur auf Englisch.

- *Diekmann, Andreas* (2012): Empirische Sozialforschung, Grundlagen, Methoden, Anwendungen, Rowohlt TB, Reinbek bei Hamburg, 17. Auflage.
  Sehr umfassend und gut strukturiert. Weitgehend sehr lebendig geschrieben und mit einleuchtenden Beispielen illustriert.

- *Hart, Chris* (2018): Doing a Literature Review, Releasing the Social Science Research Imagination, Sage, London, 2nd edition.
  Bietet Instrumente zur Analyse wissenschaftlicher Literatur, insbesondere zur Klassifikation der Argumentationsanalyse sowie zur Ordnung und Darstellung von Ideen. Wer hauptsächlich eine Literaturanalyse erstellt, erhält hier die Anleitung auf höchstem Niveau.

Weiterführende Literatur

- *Kormrey, Helmut* (2016): Empirische Sozialforschung, Leske und Budrich, Opladen, 13. Auflage.
  Umfassend, detailliert und – knochentrocken. Für jene, die sich durch die nüchterne Aufmachung und die vielen Zahlen und Formeln nicht abschrecken lassen, ein sehr informatives Werk. Wo andere Bücher einen im Regen stehen lassen, geben die vielen Literaturhinweise den Fingerzeig für den, der es dann noch genauer wissen will.

- *Krämer, Walter* (2015): So lügt man mit Statistik, Campus Verlag, Frankfurt/New York.
  Leicht verständlich werden Tipps und Tricks im Umgang mit Daten erhoben. Für Einsteiger wie für Fortgeschrittene. Stark praxisorientiert.

- *Ninck, Andreas/Bürki, Leo/Hungerbühler, Roland/Mühlemann, Heinrich* (2004): Systemik, Integrales Denken, Konzipieren und Realisieren, Verlag Industrielle Organisation, Zürich, 4. Auflage.
  Ein leicht verständliches Lehrbuch über Projektmanagement auf Fachhochschulstufe. Es erläutert die in Kapitel 27 kurz dargestellten Phasen der Problemlösung ausführlich.

- *Schlichte, Klaus* (2015): Einführung in die Arbeitstechniken der Politikwissenschaft, Leske&Budrich, Opladen, 3. Auflage.
  Sehr gute, ausführliche und trotzdem handliche Anleitung. Bespricht sämtliche verschiedenen Typen von Arbeiten (inkl. Halten der allfällig dazugehörenden Vorträge), die man als Student an einer Universität antreffen kann. Dem Titel zum Trotz für alle Sozialwissenschaften geeignet. Forschungsmethoden werden darin nicht erläutert.

- *Stötzer, Matthias* (2012): Erfolgreich recherchieren, Pearson Verlag, München.
  Übersichtlich gestaltete Anleitung zum fundierten Recherchieren in der heutigen Bibliotheks- und Medienlandschaft. Mit vielen konkreten Hinweisen und praktischen Übungen. Als Vertiefung zur Anleitung in diesem Buch geeignet. Fachliche Ausrichtung auf Wirtschaftswissenschaften. Obwohl hauptsächlich für Studierende in Deutschland verfasst, auch für Studierende in Österreich und in der Schweiz absolut lesenswert.

- *Wienold, Hans* (2000): Empirische Sozialforschung, Praxis und Methode, Westfälisches Dampfboot, Münster.
  Wenig strukturiert, dafür sehr persönlich und in Erzählweise dargelegter Inhalt. Geeignet für Personen, die mit Zahlen und Formeln nichts anfangen können oder schlicht diese besondere Art der Wissensvermittlung mögen. Als Nachschlagewerk ungeeignet.

Stichwortverzeichnis

Abgrenzung   120 f./148
Abstract (Management
   Summary)   136
Arbeitsplanung   132 f.
Argumentation   30/80 f.

Befragung
   – mündliche   98 f.
   – schriftliche   90 f.
Betreuung   146 f.
Beurteilung   162 f.
Bewertung   162 f.
Bibliothek   55 f./61 f.
Bier   12

Computer nutzen   143 f.

Datenanalyse   110 f.

Empirie   22 f.
Experiment   106 f.
exploratives Interview   99

Fallstudie   102 f.
Formulieren   149 f.
Forschungsdesign   113 f.
Fragebogen   90 f.

Google   66
Grafik   139 f.
Grundschema der Struktur   136 f.
Gültigkeit (Validität)   77 f.

Internet
   – Recherche im   68
   – Ressourcen im   77
   – Zitieren aus dem   70/158
Interview   98 f.

Kluger Hans   76
Kreuztabelle   111

Legende   139 f.
Links   59 f./70 f.
Literaturrecherche   52 f./61 f./66 f.

Management Summary
   (Abstract)   136
Methoden
   – beurteilen   76 f.
   – überblicken   113 f.

Objektivität   77 f.

Partnerfirma   126 f.
PC nutzen   139 f.
praktische Arbeit   116 f.
Präsentation, mündliche   171 f.
Projektmanagement   160 f.

Quellenkritik   187

Recherche   52 f./61 f./66 f.
Referat (mündliche Präsentation)   171 f.
Reliabilität (Verlässlichkeit)   77 f.

selectivity bias   91 f.
Selektionseffekt   91 f.
Sinn der Arbeit   31 f.
Software nutzen   95/143
sozial erwünschte Antwort   90 f.
sprechendes Pferd   76
Strukturieren der Arbeit   123/133/136

Suchmaschinen   66 f.
Suggestivfrage   92/98

Tabellen   139 f.
Tendenz zur sozial erwünschten Antwort   90 f.
Themenanalyse   38 f.
Typen von Arbeiten   46 f.

Umfrage   90 f.

Validität (Gültigkeit)   77 f.
Verlässlichkeit (Reliabilität)   77 f.
Verzerrung durch Auswahl   91 f.

Wikipedia   70
Workshop   203

Zielsetzung   39/122/185
Zitieren   73/152 f.

Checklisten

Checkliste Zielsetzung

Grundsatz

«Wer nicht weiss, wo er hin will, darf sich nicht wundern, wenn er ganz woanders ankommt.»

Herausforderungen

- Zeitdruck: Unter Zeitdruck neigt man dazu, bei unklarer Zielsetzung die Lösung intensiver zu verfolgen, statt vehementer eine Zielklärung zu erreichen.
- Veränderung: Das Ziel sollte nach der Themenanalyse eigentlich klar sein. Es wird aber im Laufe der Arbeit meistens noch klarer oder es verändert sich.
- Subjektive Wahrnehmung: Die Autoren einer Arbeit haben nach der Anfangsphase fast immer das Gefühl, ihr Ziel sei klar. – Nur auf das Gefühl, die eigene Zielsetzung sei unklar, ist wirklich Verlass.

Tipps

- ☐ Machen Sie sich zum Grundsatz: «Die Zielklärung hat immer Priorität.»
- ☐ Schreiben Sie den Abschnitt über die Zielsetzung oder Fragestellung unmittelbar nach der Themenanalyse. Überarbeiten Sie dann die Zielsetzung im Verlauf der Arbeit mehrmals, falls es nötig wird. Wenn sich grundlegende Änderungen aufdrängen, sprechen Sie dies mit der Betreuungsperson ab und halten Sie Beschlüsse in einer Aktennotiz fest. Im Zweifelsfall: lieber eine Absprache zu viel als eine zu wenig.

- ☐ Geben Sie den Abschnitt Zielsetzung verschiedenen Personen zum Lesen und interessieren Sie sich dafür, was sie verstanden haben.

Klarheit – was ist das?

- ☐ Wesentlich: Mit möglichst wenigen Worten ist das Entscheidende festgehalten. Der Umfang beträgt etwa eine halbe Seite.
- ☐ Einfach: Kurze, klare Sätze. Nur Fachausdrücke, die nötig sind und in der vorangehenden Einleitung erklärt werden.
- ☐ Strukturiert: Der Text hat einen folgerichtigen Ablauf. Aufzählungen werden auch als solche dargestellt. Ober- und Unterziele werden auseinandergehalten. Der grössere Kontext (Absicht) wird klar abgegrenzt von der konkreten Zielsetzung der vorliegenden Arbeit.
- ☐ Ausschliessend: Es wird ausdrücklich erwähnt, was auch noch Ziel sein könnte, aber nicht Ziel ist. Die Ausschliessungen sind begründet (inhaltlich oder mit dem Umfang der Arbeit).
- ☐ Resultatorientiert: Es wird geklärt, welche Resultate in welcher Qualität angestrebt werden. Dazu ist es in der Regel nötig, auch etwas zur Untersuchungsmethode zu sagen, weil diese die zu erwartende Qualität wesentlich steuert. – Methodische Fragen können in einem separaten Abschnitt genauer erläutert werden.
- ☐ Redigiert: Der Abschnitt Zielsetzung ist mehrmals durchgelesen und im Hinblick darauf überarbeitet worden, dass ganz präzise das steht, was gemeint ist.

Checkliste Bibliothek

Grundsatz

«Wer die eigene Bibliothek besser kennt, hat bessere Abschlussnoten.»

Basics

- ☐ Wo finden Sie Ihre Bibliothek im Internet?
- ☐ Wo befindet sie sich tatsächlich (Standort)?
- ☐ Haben Sie je ein Buch ausgeliehen und kennen folglich den Ausleihprozess?
- ☐ Bietet Ihre Bibliothek manche Bücher auch online an? Haben Sie je eines heruntergeladen und kennen folglich auch diesen Prozess?

Ressourcen und Praktisches

- ☐ Bietet Ihre Bibliothek Zugang zu «GetAbstract», wo man professionelle Zusammenfassungen von Büchern herunterladen kann?
- ☐ Welche Möglichkeiten bietet Ihre Bibliothek zur Suche von wissenschaftlichen Fachartikeln (Datenbanken) an? Wo ist der Link dazu?
- ☐ Welche Datenbanken sind die wichtigsten in Ihrem Fachgebiet?

Suchmasken kennen und nutzen

☐ Bietet die Suchmaske Ihrer Bibliothek die Möglichkeit, in mehreren Datenbanken gleichzeitig zu suchen? Wie nutzt man diese Möglichkeit?

☐ Haben Sie bei der Suche nach Fachartikeln jene Einstellungen der Maske «Erweiterte Suche» schon ausprobiert? Diese helfen, dass
a) nur *wissenschaftliche* Artikel angezeigt werden,
b) nur Artikel angezeigt werden, die man *vollständig* lesen kann,
c) Sie *mehrere* Suchbegriffe kombinieren und logisch verknüpfen können,
d) nur Artikel angezeigt werden, die in bestimmten Jahren publiziert worden sind,
e) nur Artikel erscheinen, die in bestimmten Sprachen verfasst sind.

☐ Wenn Sie in einer Datenbank einen Artikel finden, den man nicht herunterladen kann, aber Titel und Abstract klingen sehr interessant: Wissen Sie, wie Sie vorgehen können, um diesen Artikel vollständig zu beschaffen?

Und übrigens:

☐ Wissen Sie, wie Sie Google dazu bringen, statt im gesamten Internet nur in Büchern und (mutmasslich) wissenschaftlichen Quellen nach Ihren Stichworten zu suchen?

☐ Können Sie bei der Google-Suche Treffer mit bestimmten Stichworten *ausschliessen*?

Checkliste Quellenkritik Internet

Grundsatz

«Die Bedeutung einer Ohrfeige erschliesst sich nur aus dem Kontext: Wer hat sie wem, warum und vor welchem Publikum gegeben?»

Herausforderungen

- Qualitätsunterschiede: Nicht wissenschaftliche Dokumente, insbesondere elektronische Unterlagen aus dem Internet, sind von unterschiedlicher Qualität. Mit dieser Unterschiedlichkeit ist bewusst umzugehen.
- Zeitdruck: Eine ausführliche Quellenkritik ist methodisch oft zu aufwendig für den Zweck, den die Dokumente im Rahmen einer Arbeit erfüllen.

Fragen

- ☐ Institution und Person: Welche Institutionen, welche Personen sind verantwortlich für das Dokument? Welche Interessen, Beziehungen und Abhängigkeiten haben sie? – In Bezug auf welche Aspekte müssen wir eine Befangenheit vermuten?

- ☐ Zweck, Zielgruppe und Interessen: Welches Ziel verfolgt das Dokument? Für welche Zielgruppe ist es verfasst worden? Welche weiteren Interessen werden mit dem Dokument verfolgt (kommerzielle, politische oder wissenschaftliche Interessen)? – Inwiefern stehen diese Absichten einer neutralen Darstellung des Inhaltes im Weg?

☐ Sorgfalt und Nachvollziehbarkeit: Welche Hinweise auf die Sorgfältigkeit des verfassten Textes gibt es (Tippfehler, Detaillierungsgrad, Textaufbau, Qualität und Ausgewogenheit der Argumentation)? Wie gut ist die Nachvollziehbarkeit des Textes (Quellenangaben vorhanden, Qualität der verwendeten Quellen, detaillierte Angaben zum methodischen Vorgehen, Qualität des methodischen Vorgehens)? – Welche Abstriche bei der Einschätzung der Verlässlichkeit folgen daraus?

Umgang mit dem Resultat

☐ Problem entdeckt: Dokumente, bei denen aufgrund der Beantwortung dieser Fragen Zweifel an der Verlässlichkeit aufkommen, sollte man entweder
- nicht verwenden *oder*
- verwenden, aber die Einschränkung deutlich machen. Das Vorliegen einer Einschränkung der Verlässlichkeit muss im Text erwähnt werden. Die Ausführung dazu kann bei geringer Bedeutung für die gesamte Argumentation auch in einer Fussnote erfolgen.

☐ Verlässlichkeit festgestellt: Dokumente, bei denen Zweifel an der Verlässlichkeit grundsätzlich angebracht sind, die jedoch von den Autoren als verlässlich eingestuft werden, sind als solche zu kennzeichnen, beispielsweise mit einer Anmerkung in einer Fussnote.

☐ Grundsätzlich kein Problem: Dokumente aus dem Internet, bei denen grundsätzlich keine Zweifel an der Verlässlichkeit bestehen (z. B. die Medienmitteilung einer öffentlichen Institution, gefunden auf deren eigener Homepage), sollen nicht besonders behandelt werden.

Checkliste Management Summary

Grundsatz

«Es gibt keine zweite Chance für den ersten Eindruck.»

Herausforderungen

- Blick fürs Wesentliche: Man hat eine spannende Arbeit mit vielen Resultaten geschrieben, die man «unmöglich» auf einer Seite zusammenfassen kann.
- Zeitdruck: Das Management Summary schreibt man am Schluss, wenn alle Pufferzeiten aufgebraucht sind, unter enormem Zeitdruck.
- Genügende Beachtung: Ein Management Summary zu schreiben ist eigentlich keine grosse Herausforderung, wenn die gesamte Arbeit einmal gelungen ist. Dieser Text erscheint den Autoren daher meist als unbedeutendes Beigemüse. Er ist aber oft das Erste, was gelesen wird, und bestimmt damit den ersten Eindruck.

Tipps

- ☐ Schreiben Sie den Abschnitt Management Summary in der Mitte der Arbeit. Es macht nichts, wenn Sie zu diesem Zeitpunkt noch nicht alle Resultate haben, versetzen Sie sich einfach gedanklich in die Zukunft. Das ist eine gute Aufgabe, falls Sie mal einen Durchhänger haben. Korrigieren und feilen Sie gegen Schluss nochmals an diesem Abschnitt.
- ☐ Geben Sie diesen Abschnitt verschiedenen Personen zum Lesen und interessieren Sie sich dafür, was sie verstanden haben.

Inhalt

Ein Management Summary gibt über folgende vier Punkte Auskunft, mit Schwerpunkt auf die Resultate:

- ☐ Ausgangslage: Warum wurde diese Arbeit geschrieben? Was ist der Hintergrund?
- ☐ Zielsetzung: Was will die Arbeit erreichen?
- ☐ Resultate: Was ist herausgekommen?
- ☐ Methodik: Welches sind die Eckpunkte der Methodik? (Hat man 7 Experten befragt oder 500 Fragebögen ausgewertet?)

Die Methodik wird manchmal vor den Resultaten präsentiert. Das ist nicht falsch, aber für ein Management Summary scheint mir die konsequente Orientierung am vermuteten Interesse der Leserschaft wichtiger als die Logik der Herleitung.

Form

- ☐ Ein Management Summary ist höchstens eine Seite lang.
- ☐ Beachten Sie allfällige Formvorgaben an Ihrer Bildungsinstitution.
- ☐ Die Resultate stellen den Hauptteil dar. Sie sollten knapp die Hälfte des gesamten Management Summary ausmachen.

Checkliste Fragebogen

Grundsatz

«Der Fragebogen ist so klar gestaltet, dass man ihn mit 5 Prozent der geistigen Kapazität ausfüllen kann.»

Formulierung

- ☐ Es kommen keine Fachausdrücke vor (oder sie sind gut erklärt).
- ☐ Alle Items (Fragen und Antwortmöglichkeiten) sind klar formuliert. Es ist unmissverständlich, was man zum Ausdruck bringt, wenn man ein Kreuz an einen bestimmten Ort setzt.
- ☐ Der Fragebogen enthält keine suggestiven Elemente.

Skalen u. Ä.

- ☐ Fragen sind wenn möglich geschlossen formuliert (Kästchen zum Ankreuzen).
- ☐ Verwenden Sie gerade Skalen, um der Tendenz zur Mitte zu entgegnen (ausser Sie interessieren sich besonders für Unentschlossenheit).
- ☐ Die Skala ist unmittelbar bei jeder Frage deutlich angeschrieben. (Ist 1 oder 6 die beste Note?)
- ☐ Bei geschlossenen Fragen kann man auch «Weiss nicht» oder etwas Ähnliches ankreuzen.

☐ Wo sinnvoll, kann man auch «anderes, nämlich:...» ankreuzen und Stichworte ergänzen.

Formales (Rücklaufquote)

☐ Der Fragebogen wird mit einem kurzen, motivierenden Begleitschreiben eingeführt.

☐ Der Fragebogen ist kurz.

☐ Der Fragebogen ist formal sauber gestaltet.

☐ Die Fragen folgen einem logischen Ablauf. (Wenn sich aufgrund einer bestimmten Antwort weitere Fragen erübrigen, so werden Ausfüllende sicher zur nächsten sinnvollen Frage geführt.)

☐ Die erste Frage ist besonders einfach und angenehm zu beantworten (Eisbrecherfrage).

☐ Spannende Fragen (zur Sache) sind am Anfang, langweilige Fragen (Angaben zur Person) am Schluss.

☐ Wer nicht antwortet, erhält nach einer angemessenen Frist ein Nachfassschreiben.

Vorgehensweise und Qualitätssicherung

☐ Es ist für jede einzelne Frage geklärt, warum Sie sie stellen und was Sie mit der Antwort anfangen wollen.

☐ Der Fragebogen wurde unabhängigen Personen, die mit der Zielgruppe übereinstimmen, zum Ausfüllen vorgelegt. Ihre Schwierigkeiten beim Ausfüllen wurden protokolliert und berücksichtigt.

☐ Sie haben mögliche Verzerrungen und Probleme der Interpretation (s. u.) so weit möglich
a) verhindert,
b) reduziert oder
c) abschätzbar gemacht, beispielsweise durch geschickte Formulierung, Gestaltung der Fragen oder andere Massnahmen.

Verzerrungen und Probleme der Interpretation

- Sozial erwünschte Antwort
- Verzerrung durch Auswahl (Selektivität)
- Unverbindlichkeit der Antwort
- Strategische Antwort

Checkliste Interviews führen

zur Erhebung von betrieblichen Tatbeständen

Grundsatz

«Wer nicht fragt, bleibt dumm.»

Interview-Vorbereitung

- ☐ Wer ist Interviewpartner? Warum diese Person? – Falls es mehrere Interviews gibt: Welche Überlegungen zur Auswahl und Vielfalt der Befragten (Portfolio) stehen hinter den konkreten Personen?
- ☐ Was weiss ich schon sicher, was muss ich (nicht/noch) bestätigen lassen, was muss ich zusätzlich wissen?
- ☐ Woran werde ich erkennen, dass mein Interview erfolgreich war?
- ☐ Wie lasse ich Ergebnisse bisheriger Interviews einfliessen (Fragen weglassen, neue Fragen hinzufügen)?
- ☐ Wie will ich das Interview dokumentieren? (Bandaufnahme, Stichwortprotokoll zur anschliessenden Durchsicht des Interviewpartners, Fragenkatalog im Anhang der Arbeit, …)
- ☐ Führe ich das Interview alleine oder in einer Gruppe? Wie teilen wir die Rollen auf?
- ☐ Kann ich vorinformieren/ist schon vorinformiert worden über das Interview?

Interview-Durchführung

Leitfaden-Entwicklung

☐ Sind sämtliche der 6 Phasen in meinem Interview sinnvoll? Welche kann ich weglassen?
   1. Einleitung
   2. Spontane Befragung
   3. Informationsblock
   4. Befragung nach Information
   5. Gemeinsame Lösungsentwicklung
   6. Abschluss

☐ Habe ich die Phasen der Leitfaden-Entwicklung durchlaufen?
   1. Fragen sammeln
   2. Fragen prüfen
   3. Fragen sortieren
   4. Fragen priorisieren
   5. Obiges Vorgehen dokumentieren

☐ Welche Fragen kann ich theoriebasiert begründen? – Ist diese Begründung für Lesende ersichtlich?

☐ Haben Sie den Leitfaden am Schluss kritisch durchgesehen mit Blick auf die Frage: Dient das Interview so bestmöglich der Zielsetzung meiner Arbeit?

☐ Falls Sie den Leitfaden nach einem Interview im Hinblick auf das nächste anpassen: Haben Sie das dokumentiert? Und begründet?

Kurze Einführung

☐ Klären, wer Sie sind und was Ihre Rolle und Ihr Auftrag ist, Vorhandensein der vermuteten Vorinformation bestätigen lassen

☐ Zeitrahmen ansprechen

☐ Dokumentationsart ansprechen

☐ Vertraulichkeit klären (Informationen bleiben im Kreis der Studierenden und Dozierenden des Studiums, besonderes Vertraulichkeitsbedürfnis bitte explizit erwähnen)

Bei relevanten Aussagen nachfragen

☐ Unterlagen erfragen (!): «Gibt es Unterlagen dazu? Könnten Sie mir diese zur Verfügung stellen?»

☐ Evidenz erfragen: «Welche Beobachtung bringt Sie zu dieser Aussage?»

☐ Sich Rückmeldung verschaffen: «Habe ich richtig verstanden, dass …?»

Widersprüche und fehlende Information

- ☐ *Einmal* Ansprechen, Interesse zeigen und Antwort kommentarlos entgegennehmen: «Das verstehe ich jetzt nicht ganz, wie passt das zusammen mit ….?» – «Das finde ich spannend. Wissen Sie darüber noch mehr?»
- ☐ Aber nicht weiter nachhaken und keine konfrontativen Formulierungen verwenden. Es ist kein Verhör, Sie wollen niemanden verurteilen, Sie sind auf den Goodwill der Interviewpartner angewiesen.
- ☐ Notieren Sie, dass Sie zu einer Frage ungenügende oder widersprüchliche Angaben erhalten haben, und bleiben Sie sachlich. Nur so können Sie die drei zentralen Fehler in einer solchen Situation vermeiden (vgl. dazu Kapitel 2: Sinnestäuschungen überall?), welche auch geübten Interviewern passieren:
    - Löschung: Vergessen, dass da etwas war, was weiterer Klärung bedarf.
    - Suggestivfrage: Nach dem Prinzip der «Mustererkennung» Vermutungen anstellen, was der Interviewpartner zum offenen Punkt sagen könnte, und eine unbeabsichtigte Suggestivfrage stellen.
    - Falsches Erinnern: Nach dem Prinzip der «Musterergänzung» Vermutungen anstellen, was der Interviewpartner zum offenen Punkt sagen könnte, und sich später irrtümlich daran erinnern, er habe dies tatsächlich gesagt.

Tipps bei Vielrednern

- ☐ Zu Wort kommen durch Zustimmung: «Was ich am Spannendsten finde, vom dem was Sie gesagt haben, ist …»
- ☐ Lenken durch gezielte Fragen: «… und was mir jetzt am besten weiterhelfen würde, ist …»
- ☐ Lenken durch laufende Zusammenfassung und Alternativfragen: «Also, ich habe verstanden, dass Sie als Ursachen die beiden Hauptpunkte X und Y verantwortlich machen. Gibt es noch einen weiteren Hauptpunkt von etwa gleicher Wichtigkeit oder können wir bereits zur nächsten Frage übergehen?» (Vorsicht: Alternativfragen können leicht einen unbeabsichtigt suggestiven Charakter erhalten!)

Abschluss

- ☐ Positiv bedankend, auch wenn Sie inhaltlich enttäuscht sind.
- ☐ Erklären, was weiter passiert … zum Beispiel, dass die Person eine Zusammenfassung zur inhaltlichen Durchsicht und Bestätigung erhalten wird bis in zwei Wochen.

Interview-Nachbereitung

Methodisch

- ☐ Welche Fragen sind beantwortet? Was habe ich nicht erfahren?
- ☐ Was habe ich Zusätzliches erfahren (wonach ich gar nicht gefragt habe)?
- ☐ Hat mein Interviewpartner Dokumente erwähnt, die ich noch beschaffen könnte oder sollte?
- ☐ Welche neuen Fragen hat das Interview aufgeworfen?
- ☐ Wie plane ich meine nächsten Schritte, um bewusst mit fehlender oder unsicherer Information und mit neuen Fragen umzugehen?

Operativ

- ☐ Resultate festhalten (z. B. Stichwortprotokoll)
- ☐ In der Regel Resultate dem Interviewpartner zur Durchsicht resp. zur Korrektur geben.

Checkliste Interviews dokumentieren

Grundsatz

«Es geht darum, die Grenze zwischen vollständig und detailverliebt zu ziehen.»

Zur Transkription

- [ ] Interviews können transkribiert werden. Ob eine Transkription verlangt wird oder nicht, ist der jeweiligen Aufgabenstellung zu entnehmen. Sofern das Interview nur ergänzenden Charakter hat und nicht den zentralen methodischen Ansatz der Arbeit darstellt, ist eine Transkription meist nicht erforderlich. Es empfiehlt sich jedoch, diesen Punkt verbindlich mit der Betreuungsperson zu klären. Eine Transkription steigert jedoch grundsätzlich immer die methodische Qualität der Arbeit.

- [ ] Wenn transkribiert wird, ist zu unterscheiden zwischen folgenden Arten: Die wörtliche Transkription, welche aufgrund einer technischen Aufzeichnung (Tonband o. Ä.) erstellt wird, oder die summarische Transkription als Zusammenfassung aufgrund von Stichwortnotizen und Erinnerung.

- [ ] Summarische Transkriptionen müssen der interviewten Person zum Gegenlesen gegeben werden (methodischer Schritt zur Qualitätssicherung). Wenn dies stattgefunden hat, ist das zu vermerken (z. B. «Die inhaltliche Korrektheit dieser Zusammenfassung wurde durch die interviewte Person am <Datum> bestätigt.»).

- Wenn Sie Interviews wörtlich transkribieren, achten Sie darauf, dass Sie sie nicht in Mundart, sondern in Standardsprache führen. Mundart macht die wörtliche Transkription sehr aufwendig, meist ohne einen entsprechenden Mehrwert.
- Ziehen Sie für die Transkription Webdienste wie Happyscribe und Trint in Betracht. Nach Hochladen der Audiodatei wird Ihnen innert Kürze eine automatische Transkription geliefert. Meist ist diese von brauchbarer bis sehr guter Qualität. Eine vollständige Nachkontrolle durch eine Person bleibt aber zwingend notwendig. Deklarieren Sie den Einsatz der Software ebenso wie die persönliche Nachkontrolle, beispielsweise durch einen Vermerk am Ende des transkribierten Interviews. Solche Dienste sind kostenpflichtig. Das Feld dieser Dienste ist noch jung und stark im Wandel. Googeln Sie daher nach aktuellen Transkriptionsdiensten und fragen Sie Ihre Betreuungsperson.

Zur Nachvollziehbarkeit

Grundsätzlich gelten hier die gleichen Regeln wie beim Zitieren. Um die Nachvollziehbarkeit herzustellen, ist auf folgende Punkte zu achten:

Im Text
- Lesende müssen klar erkennen, welche Aussage von welchem Interviewpartner stammt. Und auch allenfalls, welche Aussage oder Interpretation vom Autor resp. der Autorin stammt.
- Ausschliesslich summarisches Verweisen auf die geführten Interviews ist methodisch unsauber und dürfte bei der Korrektur beanstandet werden.
- Falls mehrere Aussagen verwendet werden, welche alle Interviewpartner übereinstimmend gemacht haben, so ist ein vereinfachter Kurzhinweis in der Fussnote zulässig (z.B. «übereinstimmende Aussage aller Interviewpartner»).

Im Quellenverzeichnis
- Es sind die geforderten Angaben gemäss der geltenden Richtlinien zum Zitieren zu machen.

Im Anhang
- Mit oder ohne Transkription – mindestens ein Interview-Leitfaden mit den gestellten Fragen ist der Arbeit im Anhang beizulegen.
- Wenn erwartet werden darf, dass das Interview besonders herausfordernd wird, so sind die entsprechenden Vorbereitungen mit Vorteil ebenfalls dort zu erwähnen.

Zur Verzerrung

☐ Achten Sie darauf, dass Sie beim Erfassen von Handnotizen keine nachträglichen Interpretationen machen, mit welchen Sie die Interviewaussagen verzerren.

☐ Lassen Sie die Transkription durch die Interviewpartner gegenlesen.

☐ Erwähnen Sie, dass dieses Gegenlesen stattgefunden hat.

Checkliste Dokumentenanalyse

zur Erhebung von betrieblichen Tatbeständen

Grundsatz

«Wer ein Dokument hat, hat etwas in der Hand – aber Papier ist geduldig …»

Arten von Dokumenten

Nach diesen Dokumenten kann gezielt gesucht oder gefragt werden:

Allgemeine Dokumente

- ☐ Leitbild
- ☐ Vision/Strategie
- ☐ Organigramm/Organisationshandbuch
- ☐ (Interne) Marktanalysen
- ☐ Sitzungsprotokolle GL/Abteilungsleitung
- ☐ Werbematerial, Produktinformationen
- ☐ …

Projektspezifische Dokumente

- ☐ Meilensteinberichte
- ☐ Planungsunterlagen/im Projekt erstellte Analysen
- ☐ Sitzungsprotokolle Projektteam
- ☐ Mitarbeiterinformation (aus dem Projekt)
- ☐ Kundeninformation

- ☐ Medienmitteilungen
- ☐ Zeitungsberichte
- ☐ ...

Priorisierung und Ordnung von Dokumenten

a) Übersicht: Wie ist das Projekt/die Problemlösung insgesamt verlaufen?
b) Details: Was ist genau im Projekt/im Problemlösungsverlauf passiert? Eine zeitliche Ordnung nach Projektphasen ist meist sinnvoll.
c) Hintergrund: Zeigt, in welchem Kontext sich das Projekt abspielte. Eine Strukturierung nach Aspekten ist meist sinnvoll (z. B. Strategie, Struktur, Kultur).
d) Abgrenzung: Was gehört nicht zu einem relevanten Thema? (Papierkorb)

Koordination zwischen Interviews und Dokumentenanalyse

Phase 1: Übersicht gewinnen und «Fragen» (Themenfelder) finden

- ☐ Hintergrundinformation beschaffen und lesen
- ☐ Erstes Interview mit Projektleiter (und/oder Auftraggeber)
- ☐ Meilensteinberichte und Planungsunterlagen sichten
- ☐ Themenfelder definieren/identifizieren, Hypothesen aufstellen
- ☐ Beachten oder neu definieren der Zielsetzung und Themenabgrenzung

Phase 2: «Fragen» beantworten (und neue «Fragen» finden)

- ☐ Je nach Frage die Quellen wählen oder kombinieren (gezielte Dokumentenanalyse, gezielte Interviews mit ausgewählten Mitarbeitenden)
  - Versuchen, Hypothesen zu falsifizieren oder zu bestätigen
  - Neue Antworten erzeugen oft neue Fragen ...

Checklisten

Checkliste Konzept

Ein Konzept (im engen Sinn) ist ein grob skizzierter Lösungsvorschlag für ein Problem. Um bereits vor der Umsetzung zu erkennen, ob ein Lösungsvorschlag gut ist, werden nicht nur Informationen zum Lösungsvorschlag selbst, sondern auch zur Situation und zum Problem benötigt. Ein *gutes* Konzept muss diese Informationen daher selbst liefern oder auf Papiere aufbauen und verweisen, welche dies tun.

Grundsatz

«Konzipieren heisst Massschneidern – bezüglich dem, was ist, bezüglich dem, was werden soll, und bezüglich dem, was von selbst geschieht.»

Problemdefinition und Zielkriterien

- ☐ Es ist geklärt, was das Problem ist (Symptome), wozu es ein Konzept braucht, welche Wirkung erzielt werden soll, und wie man einen allfälligen Erfolg erkennen resp. messen würde.
- ☐ Muss-/Kann-Ziele resp. Minimal-/Wunsch-Ziele
  - Zielintegration: Verbindung zu übergeordneten Zielen (Unternehmensstrategie)
  - Zielkonflikte
  - Indikatoren zur Erfassung der Zielerreichung («smart»)
  - Erhaltens- und Veränderungsziele

Umfeldwahrnehmung

☐ Es ist geklärt, in welchem Umfeld das Konzept funktionieren muss, welches die relevanten Umweltparameter sind, und wie sie ausgestaltet sind.
  - Organisatorisch: Strukturen und Arbeitsprozesse, …
  - Sozial/Emotional: Spannungen in der GL, Befürchtungen der Mitarbeitenden, …
  - Technisch: Auslastung von Maschinen und Personal, Funktionalität von Büroapplikationen …
  - Wirtschaftlich: Konkurrenz, Budget, Kostendruck …
  - Weitere für die Fragestellung wesentliche Aspekte des Umfeldes

Problemanalyse und Problemverständnis

☐ Es ist geklärt, was der Ursachenzusammenhang für das Problem ist, welche verborgenen Mechanismen im Hintergrund wirken (Problemdynamik), wo das «eigentliche» Problem liegt und welches somit die zentrale Herausforderung ist.
  - Bspw.: Die GL macht laufend unrealistische Vorgaben und demotiviert so die Mitarbeitenden.
  - Bspw.: Aus Sicht der Mitarbeitenden braucht es keine Lösung, weil es kein Problem gibt.
  - Bspw.: Das Formular zur Zielvereinbarung sieht wichtige Aspekte der Leistung nicht vor.

Taugliche Lösungsskizze mit Ressourcenabschätzung

☐ Der Lösungsvorschlag setzt am eigentlichen Problem an (s. Punkt 3) und erzielt mit vernünftiger Wahrscheinlichkeit die erwartete Wirkung (s. Punkt 1).

☐ Der Lösungsvorschlag ist ins Umfeld integriert (s. Punkt 2).

☐ Der Aufwand für die Realisierung des Lösungsvorschlags ist verhältnismässig – eine Aufwandschätzung liegt vor und sie wird ins Verhältnis zum Nutzen resp. zu den gesteckten Zielen gesetzt.

☐ Der Lösungsvorschlag überlässt die übrigen Aspekte der Detailplanung oder Umsetzung.

Glaubwürdigkeit

- ☐ Methodisches, professionelles Vorgehen:
  - Nachvollziehbarkeit des Vorgehens und der Argumentation
  - Offengelegte Annahmen, basierend auf nachgewiesenen Zusammenhängen
  - Best Practice, Referenzbeispiele
  - Denken in Alternativen und Kriterien oder Szenarien
- ☐ Stringenz: Jeder einzelne Teil lässt sich aus den vorausgehenden Teilen ableiten.
- ☐ Plausibilität: Widerspricht nicht Ihrem Vorwissen oder einer allgemeinen Logik – oder ist sehr gut begründet.

Checkliste Workshop gestalten

Grundsatz

«Die seriöse Vorbereitung macht 90 Prozent des Erfolgs.»

Analyse

- **Inhalte:** Was muss resultieren? Wozu muss das Resultat dienen? Woran erkennt man die Tauglichkeit?
- **Mögliche Teilnehmerinnen und Teilnehmer:** Namen, Funktionen, Interessen, Persönlichkeitsmerkmale
- **Teilnehmer als Gruppe:** allgemeine Sitzungs-/Unternehmenskultur & Gruppendynamik, Machtverhältnisse, Disziplin
- **Umfeld:** Bedeutung des Workshops, Zeitdruck, andere Prioritäten

Diagnose

- Welche Chancen und Risiken ergeben sich aus der Analyse?
- Welches sind die kritischen Punkte für den Workshop-Erfolg?

Planung/Entscheid

- ☐ Teilnehmerkreis: Wer wird (nicht) eingeladen?
- ☐ Durchführungszeit – und Ort: Welches sind Start- und Endzeiten? Wo findet der Workshop statt? Vorbereitung und Nachbereitung: Welche Aufträge werden erteilt? Durch wen?
- ☐ Öffnende Phasen (Information/Kreativitätstechnik) und schliessende Phasen (Entscheidungsmethoden): Wie entsteht eine sinnvolle Abfolge?
- ☐ Arbeit einzeln, in Gruppen oder im Plenum: Was ist notwendig, wie viel Abwechslung tut gut?
- ☐ Konkret eingesetzte Methoden und Gruppengrössen: Welche Methoden passen?
- ☐ Vorgaben durch Workshop-Leitung: Welches sind die Gestaltungsspielräume der Teilnehmenden, was wird nicht vorgegeben?
- ☐ Detaillierte Zeitplanung: Start und Dauer jeder Phase, Pufferzeiten und Pausen.

Checkliste PowerPoint

Grundsätze

«Mit PowerPoint ist viel möglich, aber nur wenig nützlich.»
«‹Gute Redner brauchen kein PowerPoint›, sagte er und schaltete den Beamer ein.»

Foliengestaltung

Verwenden Sie den «Folienmaster» (im Menü Ansicht → Master → …), um die entsprechenden Einstellungen vorzunehmen:

- ☐ Text kontrastreich, aber nicht grell: Es soll alles gut und angenehm lesbar sein.
    - Vermeiden: Texte in gelb auf weiss (kontrastarm) oder in gelb auf blau (grell).
- ☐ Konservative und konzipierte Farben: Die Foliengestaltung soll professionell wirken, ohne vom Inhalt abzulenken. Dies wird oft erreicht, indem nur vier aufeinander abgestimmte Farben verwendet werden: zwei Grundfarben (z. B. schwarz, dunkelblau) und zwei Kontrastfarben (hellblau, grün).
    - Vermeiden: Bunte, konzeptlose Wirkung, langweilige nur-schwarz-weiss Folien.
- ☐ Bild und Text ausgewogen: Rund ein Viertel der Projektionsfläche gehört dem Bild.
    - Tipp: Bilder an den linken Rand
    - Tipp: Alle Bilder möglichst von gleicher Machart
    - Vermeiden: Zusammenhanglose Illustrationen (allenfalls Bedeutung eines Bildes erläutern)

- ☐ Wenig, gezielte Animation: Weil alles andere ablenkend wirkt.
  - Tipp: Beim Aufbau einer komplexen Grafik ist Animation sinnvoll.
  - Tipp: Die Animationsart «ausblenden» ist sehr dezent.
- ☐ Schriftgrösse: 24 Punkt und grösser, mindestens aber 18 Punkt.

Inhaltliches

- ☐ Das Wesentliche in Stichworten
  - Tipp: Daten, Fakten und Behauptungen gehören auf die Folien.
  - Vermeiden: Folientext sagt, worüber Sie sprechen, aber nicht, was Sie aussagen wollen.
  - Vermeiden: ganze Sätze (ausgenommen Zitate)
- ☐ Grafiken und Bilder statt Text
  Wo immer möglich zeigen Sie grafisch auf, was Sie sagen wollen. Soweit das gelingt, können Sie auf Text verzichten. Ihre Folien müssen nicht ohne Vortrag verständlich sein.
- ☐ Mut zur Lücke: Weniger ist mehr!
  Es muss nicht jeder Gedanke, der ausgesprochen wird, auch als Stichwort auf der Folie sein.
  Streben Sie 1 Folie pro 2 Minuten Vortrag an. Erreichen Sie maximal 1 Folie pro Minute. Wenn Sie diese Grenze überschreiten, haben Sie schon verloren.
  - Vermeiden: zu viel Text pro Folie
  - Vermeiden: Aufzählungen mit mehr als 5 Punkten
- ☐ Schaffen Sie Überblick! Sie erreichen dies beispielsweise durch
  - eine Überblicksfolie, welche mit unterschiedlichen Hervorhebungen wiederholt gezeigt wird (das kann aber auch ermüdend wirken)
  - durch eine Inhaltsübersicht auf Flipchart (das wirkt aber oft etwas handgestrickt)
  - einen Verlaufsbalken (das ist meist die beste Lösung, diesen müssen Sie aber selbst «basteln»)
  - irgendeine andere Handlung …

Vorbereitung

- ☐ Sorgen Sie dafür, dass die Präsentation schnell aufgestartet ist, wenn Sie dran sind.
- ☐ Testen Sie die Lesbarkeit vor Ort, weil verschiedene Beamer Farben recht unterschiedlich darstellen (Gelb ist besonders heikel).
- ☐ Zur Sicherheit: Präsentation als Handout auf Papier abgeben.

Checkliste Präsentieren

Grundsatz

«Der Sprecher ist die Mitteilung.»

Vorher: Üben mit Rückmeldung

- ☐ Nehmen Sie jede Übungsgelegenheit wahr (!)
- ☐ Beauftragen Sie Kolleginnen und Kollegen, Ihnen Feedback zu geben. Dafür gibt es verschiedene Möglichkeiten:
  - einen Beobachtungsbogen
  - einfach die Frage: Inwiefern bin ich beim Vortragen anders als sonst?
  - eine Videokamera.

Vorbereitung

- ☐ Mental: Ein Vortrag ist eine Gelegenheit zu zeigen, was Sie können. Freuen Sie sich darauf!
- ☐ Publikum: Überlegen Sie, was Ihr Publikum interessiert, was es erwartet und versteht. Planen Sie ein, inwiefern Sie darauf eingehen – besonders beim Start der Präsentation.
- ☐ Start und Abschluss: Planen Sie die ersten drei und die letzten drei Sätze sehr genau. Lernen Sie sie auswendig.
- ☐ Outfit: Wählen Sie Ihre Kleidung bewusst für den Anlass.
- ☐ Infrastruktur: Sorgen Sie dafür, dass die nötigen Hilfsmittel vorhanden sind. (Allenfalls den Raum vorher besichtigen.)

Sprache

- ☐ Sprechen Sie frei.
- ☐ Sprechen Sie frei (!).
- ☐ Sprechen Sie frei (!!!).
- ☐ Verwenden Sie nur Stichwortnotizen, und zwar auf A6- oder A5-Zetteln, Schriftgrösse 24.
- ☐ Sprechen Sie laut, deutlich, natürlich und energiereich.
- ☐ Künsteln Sie nicht, seien Sie sich selbst.

Blick

- ☐ Merken Sie sich fünf Personen, die Sie abwechslungsweise anblicken: Diejenige ganz links, diejenige ganz rechts und drei aus der Mitte des Publikums, die besonders aufmerksam oder wohlwollend zuhören.

Körper und Gestik

- ☐ Stehen Sie gerade, mit dem Gewicht auf beiden Beinen.
- ☐ Halten Sie mindestens einen Arm angewinkelt, mit der Hand auf Bauchhöhe.
- ☐ Nehmen Sie einen Stift oder eine Handnotiz (max. Format A5) in die Hand.
- ☐ Halten Sie bei Nervosität eine Hand zur Faust geballt auf den Rücken.

Medien

- ☐ Medien sollen primär dem Publikum helfen, nicht Ihnen.
- ☐ Sorgen Sie
  - durch Training,
  - durch geeignete räumliche Anordnung

  dafür, dass die Hilfsmittel wirklich helfen und nicht behindern.
- ☐ PowerPoint/Flipchart: Machen Sie sich mit den Regeln der eingesetzten Medien vertraut (s. separate Checkliste)

Pannen

- ☐ Bleiben Sie ruhig, Pannen sind normal.
- ☐ Beschreiben Sie die offensichtliche Panne für das Plenum («Der Projektor funktioniert nicht.» Oder: «Jetzt habe ich den Faden verloren.»)
- ☐ Erbitten Sie Hilfe aus dem Publikum.